T0203507

SI NO ERES EL PRIMERO, ERES EL ÚLTIMO

SI NO ERES EL PRIMERO,

GRANT CARDONE

ERES EL ÚLTIMO

UNA ESTRATEGIA DE VENTAS
PARA **DOMINAR EL MERCADO** Y
VENCER A TUS COMPETIDORES

AGUILAR

Título original: *If you're not first, you're last*
Publicado en inglés por John Wiley & Sons, Inc., Hoboken, New Jersey

Primera edición: octubre de 2019

©2010, Grant Cardone

© 2015, Penguin Random House Grupo Editorial, S.A. de C.V.
Miguel de Cervantes Saavedra 301, piso 1, col. Granada,
del. Miguel Hidalgo, 11520, México, D.F.
© 2022, de la presente edición en castellano:
Penguin Random House Grupo Editorial USA, LLC.
8950 SW 74th Court, Suite 2010
Miami, FL 33156

Diseño de cubierta: Fernando Ruiz
Traducción: Vicente Fernández Herrasti

www.megustaleerenespanol.com

ISBN: 978-1-64473-122-2

Impreso en México – *Printed in Mexico*

22 23 24 25   10 9 8 7 6 5 4 3

Índice

Introducción

La importancia de ser el primero

Aunque los conceptos de ser primero o último pueden sonar algo radicales e injustos para algunos, en el mundo real —sin importar a qué te dediques— el primer lugar es el único que importa. Se trata de una posición que permite resistir todas las tormentas, te brinda atención extra y hace que la competencia te persiga, en lugar de que tú persigas a la competencia. Afrontémoslo: si no hicimos compromisos especiales, ciertamente es más deseable la primera posición que cualquier otra, ¿no? Si nos dan a elegir entre la primera posición y otras, todos sabemos qué es preferible.

A diferencia de los sistemas o culturas en que todos son recompensados por participar, sin tomar en cuenta el esfuerzo, la habilidad e incluso el resultado, la única posición que tiene sentido en el mundo de los negocios y obtiene las mayores recompensas en el mundo real es, por supuesto, ser el primero. Si no tienes la posición dominante en tu mercado, estás en riesgo. Cuando en las economías abundan las oportunidades de negocios, la empresa que ocupa el primer lugar sigue ganando clientes, expandiendo su tamaño y presencia, en tanto que los competidores más débiles reducen paulatinamente sus ganancias, pues sólo cuentan con el apoyo de la riqueza natural del mercado. Sin embargo, cuando esos tiempos lucrativos se van, la empresa dominante se beneficia de su primer lugar y quita la cuota de mercado a los demás, y todos lo que ocupan una posición subordinada pagan el precio.

El diccionario Merriam-Webster define el término *primero* como "lo que precede a los demás en tiempo, orden o importancia". Ser el primero en el mercado no es tan importante como ser el número uno en tu categoría; no necesariamente debes ser la empresa que introduce el producto para ser la primera opción en la mente del comprador. En este caso, el orden y la importancia son mucho más importantes que el tiempo. También existe una gran diferencia entre ser el primero y el tercero en aparecer en los resultados del buscador Google; así lo evidencian empresas como la líder Intel y el segundo lugar, Advanced Micro. En diciembre de 2009, Intel ingresó 32.7 mil millones de dólares y tenía 13 mil millones en efectivo, en tanto que Advanced Micro tenía 4.92 mil millones de dólares en ingresos y 2.5 mil millones en efectivo. También puedes considerar la competencia entre Barack Obama y John McCain. Sólo unos puntos distinguieron al nombre que haría historia. De nuevo, Barack no fue el primero en el mercado; de hecho llegó a éste 30 años después que su oponente y tenía mucho menos experiencia. No obstante, se las ingenió para ganar no sólo el número uno, sino la posición de mayor poder en el mundo.

Así que deja de comprometerte y de ser "razonable". Comienza a luchar —cada minuto de cada día— para obtener el primer sitio en tu línea de negocio. Lo ideal es estar arriba cuando el mercado funciona muy bien y hacerte de una buena participación en él cuando las cosas no van por buen camino.

Una economía que cambia las reglas del juego

Hombres y mujeres de negocios, vendedores, gerentes, empresarios y directores generales, temen a las crisis económicas, lo que es muy comprensible. Piensan (correctamente) que cuando una economía entra en un periodo de contracción mayor, los clientes reducen sus proyectos, el gasto y, peor aún, sacrifican la calidad en busca de proveedores con precios más bajos. Así, se torna más difícil conseguir capital, cerrar transacciones y hacer proyecciones precisas, lo que afecta la planeación en todos los niveles. La gente se ve envuelta en incertidumbre y dudas, lo que impacta negativamente su capacidad de tomar decisiones. Estos tiempos de cambio económico pueden requerir transiciones mayores en nuestras capacidades, particularmente cuando se viene de tiempos en que se ha crecido mucho. Se trata de algo semejante a lo que pasa con un peleador profesional que, tras peleas fáciles, parece perder la ventaja, el poder y hasta el sentido de los aspectos más básicos. La gente tiende a depender de un exceso de oportunidades, del crédito fácil y del dinero barato, desarrollando así una actitud general de irrealidad cuando el negocio marcha viento en popa. Si el mercado cambia y hay que apretarse el cinturón, los vientos ya no soplan a tu favor sino directamente contra tu rostro. Toda debilidad de la organización es magnificada cuando las cosas se ponen difíciles. Los errores cuestan más, cada transacción se torna vital y el fracaso se convierte en una posibilidad real para individuos y empresas que no se adaptan a la nueva economía.

Cuando empecé a escribir este libro, el mundo entraba en una de las contracciones económicas más grandes desde la Gran Depresión. En tiempo de cambio económico importante, la gente se asusta inmediatamente, se siente confundida, abrumada, enojada y no sabe qué hacer; a veces ni siquiera si puede hacer algo. Durante estas épocas, la gente se percata de pronto de que sus negocios, ingresos y futuros están en riesgo. Parece como si de pronto el mundo hiciera un gran llamado a cada uno, gritando: "¡Eres vulnerable y puedes dejar de existir!"

La verdad es que, si no eres el número uno en tu categoría o campo, entonces tu situación es precaria y peligrosa. Si no eres el primero, importa muy poco el lugar que ocupes en la carrera: sufrirás. Tiempos como los descritos nos enseñan lo dañino que resulta ser dependientes de la economía. En lugar de ello, debes estar en una posición que te permita tomar ventaja de la situación imperante.

Este libro trata de cómo avanzar con tu misión y objetivos profesionales no sólo conquistando a la competencia y al mercado, sino dominándolos. Sin importar cuál sea tu producto, servicio o idea —y a pesar de una economía difícil—, puedes ser el primer lugar y siempre debes tratar de obtenerlo: lograr una posición en tu compañía o tu carrera en la que no te afecten tanto los vaivenes económicos, pensando en la creación de tu propio sistema financiero. No quiero que te conformes con "salir adelante" o te preocupes por el estado de tus finanzas. ¡Al diablo con la economía! Elige mejorar, conquistar y prosperar, haciendo todo lo posible por ser el número uno. Este libro te enseñará exactamente cómo ser exitoso y cómo aprovechar esa primera posición. Conocerás las acciones que debes emprender para obtener ventaja personal, para tu empresa o tus ideas, sin dejar nunca de estar en la cima.

De los tiempos fáciles a los difíciles
Cuando las economías cambian de ser muy benignas y positivas (periodo de expansión) a ser muy difíciles y negativas (contracción), le gente responde de forma muy diversa. Las respuestas se parecen un poco a las que ofrecemos cuando fallece un ser querido. Primero nos embarcamos en la negación, luego en la ira, el resentimiento y, en algunos casos, en la apatía antes de llegar a la recuperación. Pero los que tienen éxito en momentos de gran contracción económica, suelen sentirse inspirados por la necesidad de buscar nuevas soluciones creativas.

Te aseguro que la situación económica no es desesperada y no debes darte por vencido. ¡Hay acciones y pasos específicos que te ayudarán a ganar! Ésta es una gran oportunidad para quienes desean mejorar su actitud y aumentar niveles de responsabilidad. Durante los últimos 25 años, mi misión en la vida ha consistido en ayudar a la gente que quiere mejorar teniendo éxito en el intento. La parte más emocionante de mi trabajo es trabajar con personas excepcionales que luchan por ser el número uno y dominar su mercado.

Este libro contiene las lecciones que aprendí gracias a esta gente y a mis pruebas y tribulaciones. Te mostraré exactamente qué hacer para crear el éxito, independientemente de lo que suceda en el ámbito económico. Mi obra te enseñará a expandir, superar e incluso explotar estos retos para alcanzar tu ideal. Leerás sobre acciones simples, realizables y detalladas que ayudarán a que tú y tu negocio prosperen, y también aprenderás a adueñarte de la cuota de mercado de tus competidores. Se te mostrará qué acciones específicas adoptar cotidianamente para dominar tu mercado y crear un éxito tan grande que no será impactado negativamente por los vaivenes económicos. Ya no dependerás de las condiciones que te rodean para determinar el éxito o el fracaso. Aprenderás de una economía debilitante, a arrebatar cuota de mercado a los competidores menos redituables y a utilizar los sucesos críticos de contracción para crear la situación financiera que deseas para ti mismo, tu empresa y tu familia, independientemente de la economía local, nacional o mundial. Por supuesto, hay ventajas que aprovechar en tiempo de contracción económica; cuando aprendes a explotar estas oportunidades, crecerás mientras tus competidores se encogen, someten y desaparecen.

Si te preocupa que la economía se ponga ruda y si aún quieres aprender a hacer lo necesario para mejorar las probabilidades de tu negocio, ¡la pasarás más que bien cuando apliques a tu realidad lo aprendido en este libro! Además, debes saber que no estás solo; muchas personas buscan respuestas en estos tiempos difíciles. Sin embargo, hay una gran diferencia entre quienes buscan respuestas y los que en verdad están dispuestos a aprender y ejecutar las acciones específicas que aseguran el éxito. Quizá la mayor parte de nuestra familia y amigos crean que ya no pueden hacer algo, pero éste no será tu caso. Te felicito por seguir buscando respuestas.

Una advertencia sobre los libros

Desafortunadamente, la mayoría de la gente compra libros que nunca termina de leer. Pienso que la razón para ello tiene tres aspectos: (1) La pequeña inversión que se requiere para hacerse de un libro nos lleva a comprarlos en exceso y a leer muy pocos; (2) no nos comprometemos a terminarlos en una fecha precisa; y (3) muchos libros contienen demasiadas palabras que no se entienden bien.

Yo deseo que termines de leer este libro. Te garantizo que si lo lees completo crearás la economía y el éxito que quieres para ti, tu empresa y tu familia. También te garantizo que serás el primero en tu campo.

Habiendo dicho lo anterior, abordemos en mayor detalle las razones expuestas anteriormente. Primero, la gente se acerca a los libros como si sólo valieran el precio que pagó por ellos, olvidando los millones de dólares que puede valer la información contenida en ellos. Este libro puede valer millones para ti, así que léelo con esa actitud y pon en práctica cada acción con el mismo empeño que pondrías si dicha acción te pudiera ofrecer millones (¡es el caso!)

La segunda razón por la que las personas no terminan los libros es que jamás establecen una fecha límite para acabarlos. Eso me resulta un sinsentido; jamás harías algo parecido tratándose de cualquier otro proyecto, ¿o sí? La persona promedio lee unas 200 palabras por minuto, por lo que se podría terminar este libro en menos de cinco horas (si es que no se sufren interrupciones). Antes de empezar con cualquier cosa —ya se trate de leer un libro o remodelar mi casa— siempre establezco una fecha para terminar el proyecto. Así que deja de leer ahora y establece una fecha límite para terminarlo. Escribe en la primera página de tu libro la fecha en que lo comienzas y la fecha en que debes terminarlo.

La última razón por la que la gente no termina los libros es que se topa con palabras que no entiende, por lo que abandona la lectura. Éste es el motivo por el que incluí un extenso glosario de palabras al final del libro. El glosario no incluye todos los significados que puede tener una palabra; me limito a definir el sentido que conviene a nuestro contexto. Tómate el tiempo de revisar el significado de cada palabra que deje la menor duda. Recuerda: ¡tu éxito en una actividad determinada depende en buena medida de tu comprensión de la terminología utilizada en dicha actividad!

Así que trata este libro como si valiera millones de dólares para ti; dispón una fecha límite para terminar de leerlo y no pases por alto palabras que no entiendas. Cada vez que leas una acción, asegúrate de entender perfectamente lo que explico. Muchas pueden parecer claras, pero no olvides que la principal razón para dejar un libro es la falta de comprensión. No pases por alto las acciones y te convertirás en el amo de tu mercado. A fin de cuentas, este libro será una fuente de información que no sólo te servirá a ti, resultará útil a todos los que conforman tu organización.

La información contenida en esta obra te ayudará a tener éxito en cualquier recesión económica, sin importar qué tan graves es o su duración. Lo sé porque utilicé estas mismas técnicas para salir de tres recesiones, y salí de cada una más fuerte, más capaz y más rentable. En este mismo momento las pongo en práctica para mejorar mi posición de mercado, para arrebatar a mis competidores su cuota en él y para afianzarme en mercados en los que no participaba.

Las peores épocas ofrecen las mejores perspectivas

Muchos economistas, expertos y gente de los medios pregonan los peores escenarios, veinticuatro horas al día, sin parar de quejarse. Se concentran exclusivamente en el problema, en quién lo causó y no parecen dar con una respuesta que permita sobrevivir y prosperar. Es probable que hayas experimentado una disminución en el ritmo de tu negocio, pues la economía se ha encogido significativamente en la mayor parte del mundo. Lamentablemente, estoy seguro de que sientes los efectos y también de que no te gusta lo que sientes. De hecho, espero que no te guste y llegues a odiarlo tanto para estar dispuesto a hacer lo que sea para defenderte. A pesar de que estamos viviendo una etapa en que mucha gente sufre —millones de desempleados, empresas que fracasan e industrias enteras que desaparecen—, también vivimos tiempos ideales para aprender y poner en práctica estrategias puntuales que cambien las cosas. A partir de los retos económicos, nacen nuevas compañías, nuevos productos, e incluso nuevas industrias. Yo quiero que seas una persona que comience cada día deseando ser la primera en su industria o campo de acción, una persona que no se sienta víctima de lo que parece ser la realidad, pero que en verdad termine por crear una nueva realidad que ofrezca oportunidades y nos lleve a desechar lo viejo.

Al ejecutar acciones precisas y correctas, puedes combatir cualquier problema de la economía y llegar al nivel de éxito que deseas. Puedes seguir expandiéndote, conquistando, llevando adelante tus sueños y metas, creando así, literalmente, tu propia nueva economía. La verdad es que no se necesita una crisis económica para crear problemas al negocio o las finanzas de alguien. Estoy seguro de que conoces gente a la que no le fue bien incluso en periodos de bonanza. Las contracciones económicas introducen problemas para todos, y estos distintos problemas requieren de voluntades e ideas también distintas para emprender acciones y procurar soluciones. Las dificultades financieras son el resultado de no ser capaz de vender tus productos y servicios en cantidades y precios suficientes para que el negocio sea viable y rentable.

Pueden existir muchísimas razones para no lograr que tus productos y servicios lleguen al mercado. Y si hablamos de excusas, encontraremos todavía más. La realidad es que todos los negocios tienen altas y bajas y que toda economía tiene sus ciclos. En el camino a la creación de éxito y seguridad, harás ajustes para enfrentar condiciones de mercado siempre cambiantes.

Es imposible hacer negocios por algún tiempo sin experimentar reveses económicos. Algunos serán peores que otros: unos largos, cortos, dolorosos y algunos constituirán una mera distracción. Lo bueno es que: (1) hay acciones exactas y precisas que te ayudarán a afrontar cualquier contracción y (2) las contracciones son oportunidades excelentes para expandirte y conquistar cuotas de mercado. ¡Aprovecha los malos momentos, conviértelos en oportunidades inmejorables!

$$\left(1 \right)$$

Cuatro respuestas para enfrentar las contracciones económicas

Básicamente, la gente presenta cuatro respuestas ante las contracciones económicas, y sólo una cuenta.

1. La respuesta de la porrista: "¡Me rehúso a participar!"
2. La respuesta al estilo de la vieja escuela: "En realidad, nada ha cambiado; volvamos a lo básico."
3. La respuesta del que se rinde: "Nada puedo hacer, así que esperaré a que todo pase."
4. Avanza y conquista: "Cada uno de tus recursos están destinados a avanzar y conquistar, en tanto que otros se contraen y retiran".

Permite que te explique: al pasar por estos estadios de la recuperación y conforme construyes o reconstruyes tu negocio, debes elegir una manera de responder. Tu respuesta ante la contracción económica derivará de tus creencias y de las influencias de tu medio ambiente. Seguro has escuchado o sido testigo de cada uno de los cuatro estilos de respuesta al tratar con tus empleadores. Examinémoslas para determinar cuáles funcionan y cuáles se basan en premisas falsas que te impiden avanzar.

La respuesta de la porrista

La primera respuesta, la de la porrista, consiste simplemente en rehusarse a participar. Me encanta esta actitud y, de hecho, estoy de acuerdo con ella en muchos sentidos. Sin embargo, hay dos versiones de esta respuesta, con una se puede trabajar, con la otra no. La primera versión sugiere que no participas del pensamiento, acción y conducta de quienes están de acuerdo con la contracción económica. Aunque estoy de acuerdo en que no vale la pena comprar esta negatividad masiva, mantener una actitud enteramente positiva —y, por lo tanto, algo irrealista— durante épocas de seria contracción económica es, en el mejor de los casos, un estado de negación temporal. Es como si lograras convencerte (sin éxito, en la mayoría de los casos) de no participar esperando que, de alguna manera, las cosas terminarán por salir bien. Yo me considero una persona optimista y creo que la actitud mental es muy importante para el éxito, pero sería irresponsable e inútil sugerir que la economía puede cambiar sólo por pensar positivamente. ¡Tienes que hacer algo! Es difícil negar que el crédito se ha reducido, los prestamistas ofrecen menos líneas de crédito, las empresas y los individuos gastan menos y la gente pierde su empleo. No conozco ninguna compañía o industria que no experimente algna reducción en sus ganancias. Algo muy real está sucediendo, y echar porras mientras pasan las cosas y te rehúsas a participar en nada ayudará para lograr el cambio.

Al momento de escribir estas líneas, 20 por ciento de los adolescentes de este país están desempleados. Así que, si tu producto o servicio depende de ese grupo demográfico, esto afectará tu negocio. Más de 10 por ciento de la fuerza de trabajo está desempleada. En algunos lugares, ese número excede 15 por ciento y sigue aumentando. Estas estadísticas son atemorizantes por sí mismas e impactan negativamente a quienes no consiguen empleo. Añade a eso el daño financiero causado por el temor, la ansiedad, la incertidumbre y la falta de confianza, que puede ser más devastadora que los hechos reales y los números concretos. La venta de automóviles ha bajado cerca de 40 por ciento; las ventas al menudeo rompen récords a la baja que no se presentaron durante los últimos 25 años; los juicios hipotecarios alcanzan alzas históricas; una gran cantidad de riqueza que procuraba la igualdad ha desaparecido con la baja de los precios de las casas; se han reducido a la mitad las aportaciones a los fondos de retiro; los bancos tienen problemas alarmantes y el crédito está congelado. Las frases positivas y las actitudes optimistas no bastarán para sacarnos de esta situación.

No pretendo alarmarte, pero operar bajo la premisa de que puedes salir de problemas sólo con una actitud positiva es irreal. Hemos recibido un mensaje serio de alerta y quienes respondan con las acciones correctas avanzarán; los que permanezcan sentados sin hacer nada tendrán que soportar mucho dolor.

Permitan que les ofrezca un ejemplo. Vivo en Los Ángeles, lugar en que —a diferencia de las costas del golfo en que crecí— se presentan desastres naturales bajo la forma de terremotos y no de huracanes. La mayor diferencia entre estas dos calamidades es que los terremotos no avisan y duran solamente unos segundos (no varias horas). Así que supongamos que vives o visitas Los Ángeles y que se presenta un terremoto mayor, de unos 8.5 grados en la escala de Richter. No importa qué tan buen vendedor seas, te costará trabajo vender a cualquiera —incluyéndote— la idea de que no se debe hacer nada. Cuando por primera vez en tu vida sientes que el suelo bajo tus pies tiembla, mientras ves cómo se mecen los edificios, puedes estar seguro de que alegrarás a la gente con nada. Cuando se presentan episodios intensos como huracanes o temblores, o como las caídas bursátiles y los reveses económicos, la gente se siente abrumada, asustada, y tiende a reaccionar excesivamente. Es típico que la primera reacción ante los tiempos violentos sea inmovilismo y alejamiento de los hechos; algunos se limitan a negar la realidad. La gente no está preparada para enfrentar tales cambios y no afronta el daño y la incomodidad que esos cambios acarrearán.

SI NO ERES EL PRIMERO, ERES EL ÚLTIMO

Sin embargo, negar que se presenta un terremoto ciertamente no cambiará las cosas; lo aceptes o no, deberás hacer algo distinto para protegerte y pensarás en acciones específicas que procuren tu seguridad y supervivencia. Por ejemplo, quizá debas hacer algo distinto a lo habitual para conseguir comida, agua y gasolina, puesto que caminos, puentes y demás vías de comunicación, la energía eléctrica o hasta el servicio de Internet pueden verse afectados o no funcionar en absoluto. Literalmente, todo lo que das por hecho se verá afectado y es muy probable que no lo encuentres disponible. Los terremotos se presentan en un abrir y cerrar de ojos, sin que precedan avisos o advertencias. Los que sepan cómo responder a uno seguirán adelante, en tanto que quienes no saben cómo comportarse se retraerán automáticamente.

La mayoría de las personas enfrenta los cambios económicos de la misma forma que a los terremotos: simplemente no está preparada para éstos. Ello sucede especialmente cuando se han vivido largos periodos de bonanza: la gente tiende a portarse como robot y hasta se hace floja. Olvidan el músculo, la disciplina, la persistencia, energía y creatividad necesarias para dominar. No saben cómo actuar cuando las cosas cambian de improviso, así que se limitan a reaccionar. La mayoría de los individuos, gerentes y directores generales se acostumbran a hacer negocios en economías estables; por lo tanto, no saben cómo responder correctamente cuando las cosas vuelven a ponerse difíciles.

No es extraño ver que la gente se torne demasiado "razonable" respecto a las acciones necesarias para sostenerse a sí misma y a sus empresas. Y cuando se presentan las recesiones —siempre ha sucedido y siempre sucederá— muchos vendedores, gerentes, emprendedores, ejecutivos y directores generales se descubrirán mal equipados y carentes del conocimiento para contrarrestar esas contracciones económicas. La gente suele presentar todo tipo de respuestas extrañas cuando no está preparada para los sucesos imprevistos. Muchas acciones adoptadas en esos momentos imitan la contracción económica, y no es raro que se reaccione ante ella con pensamientos y acciones que empeoran la situación. La mayoría enfrentará el declive económico con recortes, negativas y hasta con mera apatía, en tanto otros (como ya se mencionó) se rehusarán a participar. Pero este tipo de reacciones son justo lo opuesto a lo que se debe hacer cuando se opta por ser el primero en el mercado y por dominar a la competencia.

La respuesta al estilo de la vieja escuela
La segunda respuesta es clásica: "Volvamos a lo básico." Esta forma de ver las cosas sugiere que nada ha cambiado en realidad; si volvemos a nuestras "raíces", todo se resolverá. Una vez trabajé con un grupo grande de la industria automotriz y un ejecutivo dijo: "Grant, nada ha cambiado en realidad; sólo debemos volver a lo básico." Pensé en mis adentros: *tu industria ha pasado de vender 16 millones de autos nuevos al año a vender 9 millones* (el nivel de ventas más bajo en 25 años). Cada vendedor de autos en Estados Unidos depende únicamente de la publicidad para mantener las ventas, algo que no podrá justificarse por mucho tiempo, pues la fuerza de las ventas no tiene idea de cómo generar su propio tráfico comercial. Además, los bancos han echado a perder tus planes (los vendedores de autos suelen pedir dinero prestado para mantener inventarios) pues endurecen los requisitos para prestar. ¡Y los medios insisten en que la gente no vuelva a gastar dinero! Y la respuesta del ejecutivo era *volver a lo básico*, siendo que 95 por ciento de la gente que trabajaba para él no sabía qué era lo básico para hacer la diferencia en épocas de cambios.

A pesar de que apoyo el concepto general de retomar los elementos fundamentales de una industria —y estoy absolutamente de acuerdo en que las cuestiones básicas son vitales para llegar al éxito—, no se puede depender del bloqueo y las tacleadas cuando tienes desventaja de tres anotaciones en el marcador y quedan sólo tres minutos del último cuarto. En otras palabras, en los negocios no avanzas valiéndote solamente de lo básico. Debes hacer grandes jugadas en poco tiempo. La única manera de florecer durante una crisis económica es adoptar muchas acciones poco razonables para lograr el dominio. La estrategia de volver a lo básico sólo puede llevarte adonde te encontrabas, y recuerda que, en nuestro caso, el objetivo es ser el *primero*. No es momento de decir obviedades, sino de actuar masivamente.

Existen varios niveles de cosas "básicas" que puedes hacer antes de llegar a lo verdaderamente fundamental, a lo que te permitirá avanzar en un mercado que ha cambiado. También es muy importante comprender que edad, experiencia y mejoras tecnológicas influyen en lo que cada persona considera como básico. Si vendiste productos durante la crisis petrolera de la década de 1970, por ejemplo, y otra persona sólo los ha vendido entre 1998 y 2008, sus definiciones de lo básico serán muy distintas. Esto varía mucho para quien vende enciclopedias de puerta en puerta, comparado con el que vende el artículo tecnológico de última generación que todo mundo quiere. Fundé mi primera empresa vendiendo de puerta en puerta por todo el país, y lo hice durante una recesión severa. La gente no acudía a mí para comprar mi servicio y toqué miles de puertas para que la gente se interesara por conocerme. No podía financiar publicidad o grandes programas de mercadeo y no contaba con un equipo de ventas que hiciera esto por mí. Ofrecía un producto o servicio desconocido o poco probado. Al vender de puerta en puerta aprendí habilidades de las que nadie puede despojarme y eso me definió comercialmente y en lo personal. He conocido a cientos de personas que quieren ser oradores y suelo decirles lo mismo: "Es fácil: ¡sólo debes aprender a conseguir y conservar un auditorio!" La gente presume de lo bien que puede hablar, ¿pero de qué sirve si no hay nadie que los escuche?

El punto que trato de dejar en claro es que, decir que una organización sólo necesita volver a lo básico, es parecido al caso de un orador principiante que no consigue tener a quien lo escuche. Debes procurar que tú y la organización se concentren en crear un futuro y no en recuperar algo del pasado. Debes jurar hacer todo lo necesario para tener audiencia e ir un poco más lejos, haciendo lo que tus competidores se niegan a hacer y más. Así lograrás diferenciarte de todos esos meros aspirantes.

Las cosas siempre cambian, y el cambio requiere acciones más allá de lo básico. Si no cambias en armonía con los tiempos, te quedarás atrás. En ese sentido, hasta lo básico cambia con el transcurso del tiempo. En tanto que ciertamente no debemos descuidar los principios básicos del éxito, sí debemos cultivar las cuestiones básicas que usamos. *No olvides que, durante los periodos de expansión, lo básico suele ser distinto si lo comparamos con las cuestiones básicas a utilizar en periodos de contracción económica: en periodos de contracción, no puedes permitirte el lujo de cometer errores.* Cuando las economías reducen su crecimiento, no puedes perder una sola oportunidad; debes patalear para mantenerte a flote y ser mucho más tenaz en tu manera de afrontar cada interacción.

Piensa en una época en que hayas estado extremadamente motivado para tener éxito, debiendo desempeñarte en un alto nivel. Sólo tenías que dar resultados; por lo tanto, es muy probable que tuvieras que ir más allá de lo básico para mostrar una actitud seria de desempeño excepcional. Limitarte a volver a lo básico durante periodos de turbulencia económica no cambiará el hecho de que tienes menos oportunidades para trabajar, la gente menos dinero para gastar, el crédito es limitado, nos invade el temor y tus clientes opondrán más objeciones que nunca antes de comprar tu producto o servicio. Escucharás razones, quejas y motivos muy similares para no comprar a los que escuchabas en tiempos de bonanza, pero el nivel de intensidad e incertidumbre será mayor al provenir de quienes depende tu negocio.

Es un hecho que la mayoría de las personas con las que trabajas, jamás han intentado vender en escenarios económicos muy difíciles. Decir a estas personas que vuelvan a lo básico no te llevará a obtener los resultados deseados, y mucho menos lograrás una buena parte de participación en el mercado. Y en este libro no nos interesa ir para atrás. Marchamos hacia adelante.

Durante los periodos de expansión económica, los negocios pueden parecer tan fáciles de concretar que los individuos y las empresas llegan a tener una idea inflada de sus capacidades. Son condicionados por una falsa sensación de lo que se requiere para ser rentable en largos periodos de dinero fácil, de crédito casi gratuito, de buenas oportunidades para los productos en un mundo que opera sin preocupaciones o peligros financieros. Entonces, de pronto, te descubres en medio de la situación opuesta. Cada individuo de la fuerza de trabajo que quiera tener éxito debe ver las cosas desde otro ángulo antes de "volver a lo básico": desarrollar nuevas capacidades y poner en práctica nuevas acciones que la mayoría no ha usado en años y ni siquiera se consideran necesarias.

La respuesta del que se rinde

El tercer tipo de respuesta es de quienes se rinden, de las personas que piensan que nada pueden hacer y esperarán a que pase el problema económico para volver a hacer las cosas con normalidad; llegado ese momento, trabajarán como siempre, según ellos. Este grupo de personas será aplastado financiera y emocionalmente. Acabarán con su efectivo al tiempo que descubren que las contracciones económicas pueden durar mucho más de lo esperado, hasta 18 meses o más. Estas personas serán dañadas emocionalmente al quedar fuera de la fuerza de trabajo. Cuando las cosas regresen a la normalidad, encontrarán que es mucho más difícil hallar empleo porque han quedado al margen durante meses. Los que se rinden son carroñeros que dependen de las "buenas" economías para obtener suficientes recursos y financiar sus estilos de vida. Viajan de región en región y trabajan en industrias a las que les va bien, pero nunca avanzan y conquistan para sí mismos. Sólo son buenos para tomar la fruta de las ramas más bajas —o concretar los negocios fáciles— y no pueden o no quieren buscar el oro. Nunca acumularán verdadera riqueza porque no desarrollaron la ética laboral necesaria para llegar al éxito. Nunca tendría a alguien así trabajando para mí; contaminan al resto de la organización. Uno de los que se da por vencido ni siquiera trataría de leer este libro y mucho menos ejecutaría las acciones en él propuestas. ¡Si este tipo de personas comprara el libro, se sentirían tan ofendidas en este punto que ya habrían arrojado el ejemplar a la basura!

Avanzar y conquistar

Ahora hablemos de la última escuela de pensamiento: la respuesta de avanza y conquista, la que yo promuevo como la única respuesta correcta por la que puedes optar. Te recomiendo que, en primer lugar, aceptes la idea de que el mercado es distinto y en verdad ha cambiado; debes reconocer que será más difícil (pero de ninguna manera imposible) vender tus productos y servicios, hacer que tu negocio crezca y hasta mantener un empleo. Debes tener en cuenta que se requerirá de un tipo de energía, una ética laboral, una mentalidad y acciones completamente únicas.

Obviamente, cuando la economía pierde ritmo surge un obstáculo para los negocios y para los individuos, pero también hay aquí una oportunidad para ti. Comenzar una nueva empresa desde cero, con muy poco dinero, es parecido a pasar de una gran economía a una muy compleja. No dispones de crédito, no tienes dinero, los clientes escasean y nadie quiere saber de ti. Es *duro*. Sin embargo, la diferencia con un gran cambio económico es que las cosas no sólo te suceden a ti. Las finanzas de todos se ven afectadas, la confianza sufre, las ventas se tornan más difíciles, el crédito más limitado y hay menos oportunidades de hacer negocios. Es común sentirse rodeado por gente negativa, quejumbrosos, personas que tienen malas ideas, buenas excusas y soluciones inútiles. Como ya dije, las contracciones económicas también pueden convertirse en una buena oportunidad para atraer nuevos clientes, aumentar las ventas, diferenciarte en el mercado y obtener una buena cuota del mismo. Por lo tanto, debes avanzar y conquistar. ¡Debes dominar a quienes son impactados negativamente y tomar su cuota de mercado! Los que están dispuestos a aprender cosas nuevas —y a dominarlas para ponerlas en marcha con acciones ambiciosas— serán recompensados a lo grande, mucho más que en los buenos tiempos. Asumirás el control de una nueva cuota de mercado que los otros dejaron ir.

Entré a mi primer empleo como vendedor durante la recesión de principios de la década de 1980. Las tasas de desempleo superaban 20 por ciento, y las de interés llegaron a 18 por ciento en la zona en que yo trabajaba y vivía. En retrospectiva, creo debí mudarme, pero no tenía dinero para hacerlo. Una de cada cuatro personas no podían comprar el producto que yo vendía debido al simple hecho de que no tenían trabajo. Tenía suerte si siete u ocho clientes potenciales mostraban interés por mi producto en una semana. Mi supervivencia dependió de la acción más básica: generar oportunidades para luego superar todas las objeciones, evasivas y razones que los individuos oponen para comprar. Éste fue mi campo de aprendizaje y no tenía nada con qué comparar mi situación.

Cuando no sabes, simplemente no sabes. Si creces pobre en un lugar remoto rodeado por otras familias pobres, ni siquiera te das cuenta de que eres pobre. Los únicos que lo saben son las personas que tienen más que tú. Nunca estarás completamente al tanto de tu situación hasta que la compares con algo. ¡No sabes hasta que sabes! Cuando tratas de vender durante un periodo de contracción económica y no tienes nada con qué comparar, tu ignorancia es casi una bendición. Harás todo lo necesario y ajustarás los planes para tener éxito.

El reto más grande que la gente enfrenta hoy es su tendencia a comparar la situación actual con la de ayer, deseando que retorne ésta última. Sin embargo, lo único que funciona es concentrase en el futuro y olvidar el pasado. Los que insisten en compararse con otros participantes del mercado diciendo que les va mejor que al resto, deben recordar que el objetivo es dominar, no compararte con quienes hacen mal las cosas. Una garantía de que jamás llegarás al primer lugar es compararte con otros que ni siquiera tienen la intención de ser los primeros.

Sobrevivir a las recesiones

Desde que empecé mi carrera, a inicios de la década de 1980, he construido tres empresas y he resistido —e incluso prosperado— durante periodos de contracción económica. La mayor parte de la gente que lee este libro, también ha sobrevivido a tiempos difíciles, pero es posible que olvide que logró salir de ellos. Por ejemplo, yo nací durante la recesión de 1958, que duró dos años. La sobreviví. De hecho, la verdad es que ignoraba que hubiera recesión. Sobreviví a otra de 1960 a 1961, cuando tenía tres años de edad. En 1973, hubo una crisis petrolera que duró dos años y mientras estudiaba trabajé durante el verano al tiempo que otros no encontraron empleo. Desde principios de 1980 hasta 1982, la revolución iraní causó un incremento del precio del petróleo en todo el mundo, llevando a Estados Unidos a otra recesión. ¡Sobreviví! A principios de la década de 1990, el país experimentó otra que duró poco más de un año e incluyó una crisis inmobiliaria, después de la cual la gente dijo que nunca volvería a meterse en bienes raíces. La sobreviví. El año 2000 vio el colapso de las empresas de internet. Un año después, el 11 de septiembre de 2001, los ataques al World Trade Center y al Pentágono causaron enorme terror económico en todo el mundo, especialmente en Estados Unidos. Sobreviví a ambos hechos. A esto siguieron dos años de escándalos contables y otra contracción en nuestra economía, a la que también sobreviví. Luego, en 2007, el mundo experimentó el comienzo de otra contracción mayor, causada esta vez por el mercado de la vivienda, crisis que se extendió hasta provocar los colapsos bancarios en Estados Unidos y Europa. Esto resultó en fallas bancarias, bancarrotas, ejecuciones hipotecarias y en el consecuente fracaso de industrias enteras. Todos sobreviviremos. La verdadera pregunta es: ¿podremos prosperar también en estas circunstancias?

Por definición, una recesión es básicamente una caída del Producto Interno Bruto de un país durante dos trimestres o 180 días. En estricto sentido, los individuos y las empresas no pueden experimentar una recesión dado que no tienen Producto Nacional Bruto. No obstante, experimentan los efectos de las recesiones, y su disposición o no a hacer ajustes determinará que tan bien capean el temporal. Digo todo esto para darte valor y recordarte que has sobrevivido, puedes sobrevivir y sobrevivirás a cualquier contracción económica. Y quiero enseñarte cómo avanzar, conquistar y hacerte de una mejor participación en el mercado durante esas épocas.

Desde luego, prefiero experimentar la expansión económica, pero me desempeño mejor en épocas de recesión, por increíble que parezca. Es un fenómeno un tanto extraño, pero algunas personas reaccionan mejor ante la adversidad, porque activa el instinto de supervivencia y estimula un desempeño de más alto nivel. En su momento, lo anterior hace que la gente se vuelva más creativa y productiva en el lugar de trabajo, en tanto otros arrojan la toalla. Así que no pierdas la esperanza. Las crisis económicas no son el fin del mundo; puedes tener éxito sin importar el estado de la economía.

Comprende también que las contracciones económicas no duran para siempre. Los que no se dan por vencidos y se involucran más cada día, llegarán al final de la crisis con una mejor ética de trabajo, una mayor base de clientes y una participación en el mercado más grande. Además, a los sobrevivientes les queda la confianza de que pueden prosperar sin importar las condiciones en que hacen negocios. Así que no tires la toalla. Comprende que tienes opciones para luchar y sacar ventaja. No tienes por qué sufrir las consecuencias financieras que otros experimentarán si actúas con inteligencia.

Yo vivo bajo el siguiente lema: "Los problemas son oportunidades, y las oportunidades bien aprovechadas equivalen a dinero en el bolsillo." Recuerda que, al enfrentar un problema, estás ante una oportunidad disfrazada. No te salgas del juego, sigue adelante, nunca te retires y busca soluciones creativas a tus problemas. Una situación superada ni siquiera se recuerda como problema; pensarás que fue una situación que requirió de un manejo apropiado y nada más. Pero la gente que se retira hasta el punto de desaparecer durante una recesión, no recordará los hechos de la misma manera. Suelen responder negativamente y llegan a estar abrumados, al punto de cegarse ante posibilidades y soluciones. Cuando el mercado se recupere, estos individuos tendrán menos dinero y clientes, serán olvidados por el mercado, dañando su negocio e identidad. Tu gran ventaja en este mercado es que la menor competencia te da la oportunidad de destacar y obtener mayor participación en el mercado.

A continuación, encontrarás las tácticas para asegurarte de que tu negocio crezca, sobreviva y prospere en cualquier época, pero especialmente durante las contracciones económicas. Se trata de técnicas probadas que, cuando se usan tal como se indica, te darán resultados. Estamos ante fórmulas probadas, comprobadas y precisas que harán realidad tus metas. Te invito a que las uses exactamente como se indica y evites ser "razonable" al hacerlo.

El término "razón" implica el ejercicio apropiado de la mente, de la cordura, la suma de los poderes intelectuales y la posesión de un juicio sólido. En este contexto, ser poco razonable significa que no permitirás ser gobernado por la razón. No quiero que uses tus facultades intelectuales para hallarle sentido a esto; después de todo, el mundo está lleno de gente inteligente que nunca hace nada significativo. En lugar de ello, quiero que operes como si carecieras de razón, de juicio; como si fueras un loco o una loca cuya única meta es hacer que las cosas sucedan. No razones estas acciones; acéptalas. No uses el sentido común cuando las pongas en práctica. Úsalas tal y como se te dice aquí. Lo peor al usar estas técnicas es adaptarlas a tu personalidad o mentalidad. No alteres las acciones en forma alguna, pues terminarás con una versión atenuada de lo que en verdad funciona.

Justo la semana pasada trabajaba con una empresa e identificamos una acción de seguimiento de clientes que la competencia no emplearía. Sugerí que se iniciara el seguimiento de venta tan pronto como los clientes salieran del local, y no después ese mismo día; incluso sugerí que los vendedores siguieran a los clientes hasta su casa. Suena a locura, ¿no es así? La gerencia de esta compañía protestó diciendo: "No hay forma de que esta técnica funcione con nuestro producto o con la distribución geográfica de nuestros clientes." Rogué a los gerentes confiar en mí y usar la técnica. En menos de 24 horas, llamaron a mi oficina diciendo: "¡No sólo funcionó, sino que a nuestros clientes les encantó!" La empresa fue revitalizada al encontrar nuevas formas de expandirse en el mercado. Ahora bien: antes de que deseches mis acciones por inaplicables, comprende que tu respuesta denota que otros tampoco las aplicarán; ello significa que quien realice esas acciones no estará compitiendo sino haciendo algo completamente distinto. En tiempos de crisis, no quieres competir. ¡Quieres vencer!

Estas técnicas deben aplicarse a tu mercadeo y a tus esfuerzos de ventas en cualquier ambiente económico, pero descubrirás que estas estrategias y pensamientos te ayudarán a superar las etapas recesivas. Justo en estos momentos debemos pensar en términos de expansión y estar dispuestos a intentar cualquier cosa, incluso a romper las normas aceptadas para apoderarnos del mercado. Y antes de pensar que afectas la satisfacción del cliente con estas acciones, te comento que la empresa antes mencionada obtuvo las más altas calificaciones de su historia en cuanto a clientes satisfechos. Decían: "Nunca habíamos conocido a otra empresa que estuviera dispuesta a hacer tanto para obtener nuestro negocio." Esta forma de pensar y estas acciones son para quienes se rehúsan a arriesgar a sus familias, negocios o futuros financieros. Además, son para quienes están dispuestos a hacer lo que sea con tal de ser los primeros. Confía en mí y te aseguro que serás recompensado con el éxito. Me interesa conocer sobre tu viaje al primer lugar y cuánto éxito tienes tras la implementación de estas efectivas y poderosas técnicas antirrecesión.

Ejercicio
Cuatro respuestas a las contracciones económicas

Escribe las cuatro respuestas que debes tener ante una contracción.

1. _____
   _____
   _____

2. _____
   _____
   _____

3. _____
   _____
   _____

4. _____
   _____
   _____

Escribe los nombres de conocidos o conocidas que se ajustan a cada respuesta.

1. _____
   _____

2. _____
   _____

3. _____
_____
_____

4. _____
_____
_____

Escribe ejemplos de alguna ocasión en que respondiste de este modo y cuál fue el resultado.

1. _____
_____
_____

2. _____
_____
_____

3. _____
_____
_____

4. _____
_____
_____

Escribe cuál de las respuestas te comprometes a poner en acción y por qué lo haces.

_____
_____
_____
_____

¿Cuáles son las seis formas en que te verás afectado durante una contracción?

1. _____
   _____
   _____

2. _____
   _____
   _____

3. _____
   _____
   _____

4. _____
   _____
   _____

5. _____
   _____
   _____

6. _____
   _____
   _____

Reactivación de las bases de poder

Voy a iniciarte en el camino que lleva a "avanzar y conquistar" con el valor que sé posees: una base de poder. Desafortunadamente, la mayoría de la gente ni siquiera sabe que tiene un sitio de poder. En verdad piensan que no cuentan con nada para comenzar. *Falso.* Todos tenemos una base de poder; simplemente no la reconocemos o no la utilizamos. En lugar de hacerlo, retrocedemos al tratar de construir un negocio donde no tenemos poder prexistente y con personas desconocidas. Es la manera más difícil de formar una empresa.

Todos tenemos una base de poder existente. La gente que conoces (amigos, familia, parientes, compañeros de escuela, empleadores anteriores o actuales e incluso enemigos) forma parte de ella. La base de datos cambia de tamaño a lo largo de tu carrera; crecerá (o dejará de crecer) dependiendo de la atención que le prestes. Para cultivar y aumentar la calidad de tu base de poder, simplemente comienza con lo que tienes. Las empresas de mercadeo directo y las multinivel son efectivas porque dependen casi exclusivamente de utilizar y optimizar la base de poder de la gente. Combina un contacto implacable y dedicado de bases de poder con grandes productos y crearás una corporación que tendrá utilidades en cualquier economía. Amway, Nu Skin, Herbalife, Mary Kay, Market America y Kangen Water son sólo algunos ejemplos de empresas cuyo modelo entero está construido sobre la idea de que todos tienen una base de poder; el éxito depende de qué tan efectivamente se informa a esas bases de poder sobre los productos de la compañía. Los que llegan a los más altos niveles de estas empresas no son grandes vendedores, sino excelentes para la reactivación de las bases de poder. Es la razón de que muchos negocios se enfoquen con intensidad en la satisfacción del cliente y en la idea de que el boca a boca genera ventas en el futuro. Las corporaciones fracasan cuando se concentran demasiado en las campañas publicitarias, diciendo que se está comprometido con la satisfacción del cliente sin estimular orgánicamente la base de poder. Cuando activas efectivamente tu base de poder, encontrarás personas calificadas para comprar tus productos y motivadas para hablar de ello a otras.

En los tiempos de baja actividad económica, debes cuidar los costos al generar oportunidades de compra para tu producto. En tanto que una gran corporación se permite enormes presupuestos publicitarios, no sucede lo mismo con la mayoría de los individuos. Y aunque la publicidad llegue a más personas con mayor velocidad, resulta menos personal. En ese sentido, tu base de poder es la forma más lucrativa de generar negocio inmediato. La publicidad tradicional se ha convertido en la "adicción del siglo XXI", pues la generación de negocios de la empresa reside en la publicidad masiva dirigida a personas que no conocemos y pueden o no estar interesadas en la compra de tu producto o capacitadas para adquirirlo. La mayoría de los presupuestos de publicidad se pierden al dirigirse a esa gente. Este método de contacto puede no ser costeable —incluso en el caso de grandes corporaciones— en periodos de contracción en los que debes cuidar cada centavo.

Aunque reactivar tu base de poder no es caro, sí requiere esfuerzo. Al empezar, no te preocupes por saber si la gente está calificada o incluso interesada en tu producto; sólo haz una lista y contacta a todos los que aparecen en ella. Recuerda que la gente que conoces conoce a quienes pueden ser mejores prospectos. Debes reactivar todos los contactos que tengas y lograr que la base de poder trabaje en tu favor. Es como la minería: piensa que las personas conocidas son oro, y trátalas como a una mina de oro. Encuentra un filón, aprópiatelo y trabájalo constantemente. Si lo descuidas, pronto otros reclamarán tu fortuna. O peor aún sería que tu base de poder permaneciera vacía, desatendida e ignorada. Que no explotes tu mina de oro eficientemente no significa que sea menos valiosa; sólo significa que desaprovechas su inmenso potencial.

Comienza por entrar en contacto con amigos, familiares, parientes y empleadores del pasado e interésate genuinamente en ellos. Averigua qué hacen; pregunta sobre su vida, carrera y familia. A la gente le encanta hablar de sí misma y le fascina cuando alguien se interesa en ellos. Diles lo que tú haces cuando surja la oportunidad, pero entiende que ésta no es una llamada de ventas. Simplemente te estás reconectando con alguien que estuvo fuera de contacto.

No dependas exclusivamente del correo electrónico o del correo común para hacer esto sin antes establecer contacto vía telefónica o mediante visita personal. Una llamada es más valiosa que un correo, y después envía una carta o correo el mismo día. Deja en claro que tu intención es ponerte al día con tu base de poder, y que no se trata de vender productos o servicios. En todo tipo de situaciones económicas —buenas, malas y normales, pero especialmente durante las contracciones—, los contactos y las relaciones personales lo son todo. Si alguna vez escuchaste el dicho: "Más importa a quién conoces que lo que conoces", debes saber que es cierto. *Te falta gente, no dinero, y la gente que conoces o tiene el dinero que quieres o conoce a gente que lo tiene.* Son esas personas las que quieren y necesitan tu servicio. De manera que, mientras contactes a más personas, más posibilidades tendrás de descubrir y vender a quienes conforman tu mercado objetivo.

Recuerda: a la gente le gusta comprar y hacer negocios con personas que conocen y les resultan agradables. Cuando el dinero es poco, hay más probabilidades de que lo gasten (si lo hacen) en productos y servicios ofrecidos por gente conocida y confiable. Tal vez te encontraste alguna vez con un viejo amigo que acaba de adquirir el producto o servicio que tú representas o vendes a alguien más. ¡Horror! El dolor es hondo y bien pudo evitarse aumentando el contacto con tus conocidos. Puedes perder estas oportunidades cuando las cosas marchan bien, pero cuando se ponen difíciles no puedes perder ninguna oportunidad de negocio. Y la realidad es que no debes hacerlo nunca, sin importar las condiciones económicas, pero en los tiempos difíciles no tienes opción: debes capitalizar todas y cada una de las oportunidades.

Este proceso de reactivación de tu base de poder se parece a lo que sucede cuando vas al gimnasio después de no hacer ejercicio durante seis meses. Todo es nuevo otra vez y usas músculos que permanecieron inactivos algún tiempo. Al igual que al ejercitarte, una vez que vuelves al gimnasio y superas el dolor, ¡estarás contento de haberlo hecho! Así que vence tu resistencia y puedes estar seguro de que tu persistencia pagará, siempre y cuando sigas asistiendo y trabajando. Así podrás reconstruir el músculo perdido y, en nuestro caso, el músculo de la base de poder.

La llamada

Hablemos con detalle de cómo empezarás a reactivar tu base de poder. Respecto a cómo hacer la llamada y qué decir, puedes basarte en el siguiente ejemplo:

"John, habla Grant Cardone. Pensaba en ti y decidí ponerme al día. ¿Cómo van las cosas? Cuéntame de la familia, la casa, el trabajo." Esto suele llevar a que tu contacto pregunte qué haces. En ese momento, le explicas y enfatizas lo muy emocionado que te sientes al hacerlo. Por ningún motivo menciones o discutas sobre lo mal que está la economía. ¡Nadie necesita más malas noticias!

Durante la llamada, tómate el tiempo necesario para recolectar datos y actualizar tus archivos: consigue correo electrónico, dirección física, teléfonos, cambios familiares y laborales, etcétera. La segunda parte de la llamada servirá para fijar fecha y hora de una cita en persona. "Pongámonos al corriente comiendo este mismo mes. ¿Cuándo te conviene?" Debes comprometerte a ver a la persona que llamas porque esto permitirá dos acciones subsecuentes: llenarás tu agenda y harás contactos personales. De nuevo, tu propósito no es vender; se trata solamente de hacer contacto, reestablecer un vínculo, recolectar datos y fijar una cita.

Da seguimiento a tu llamada de reactivación enviando una carta o correo electrónico el mismo día. No esperes hasta el día siguiente. Acostúmbrate a hacer todo lo posible *en ese mismo momento;* con ello establecerás una disciplina que lleva a la acción masiva. Termina la llamada con algo así como: "Encantado de hablar contigo. Espero podamos vernos en persona pronto." La llamada y el correo serán seguidos por una cita personal, sin importar si quedaron o no de verse personalmente. Anota la fecha de la cita en un calendario o acuerda una cita en el menor tiempo posible, si es que no fijaron fecha y hora durante la llamada.

Recuerda que esta gente ya te conoce. Probablemente también quieran reactivar la relación y ayudarte si pueden. De hecho, esta gente te admirará por haberte acercado: se darán cuenta de que es justo lo que ellos deberían hacer con su círculo.

He aquí algunas cosas que *no* debes hacer cuando reactives tu base de poder:

1. No hagas clasificaciones de tus contactos.
2. No te preocupes por lo que estas personas pensarán si has estado ausente durante mucho tiempo.
3. No seas razonable en cuanto a estas acciones.
4. No conviertas el suceso en llamada de ventas.
5. Sin embargo, no te olvides de que estás vendiendo. El simple hecho de reactivar significa que estás vendiendo.
6. No juzgues los resultados que el contacto te brinde.

La meta es hacer todo lo posible para reconectar con la gente que conoces, conectar con otros, tejer una red y hacer que la gente piense en ti de nuevo. Cualquier nivel de atención es mejor que ninguna. Mientras más gente conozcas, más probabilidades de sobrevivir y tener éxito. Así que reactiva tus contactos y llena tu calendario de citas con todas las personas que se te ocurran.

Ejercicio
Reactivación de la base de poder

¿Qué tipo de personas estarían en tu base de poder?

_____
_____
_____
_____
_____

¿Por qué sería más fácil contactar a este tipo de personas y no a otras?

_____
_____
_____
_____
_____

¿Qué significa eso de que "te falta gente, no dinero"?

_____
_____
_____
_____
_____

¿Cuáles son las cinco cosas que no debes hacer al reactivar la base de poder?

1. _____
_____
_____

2. _____
_____
_____

3. _____
_____
_____

4. _____
_____
_____

5. _____
_____
_____

Escribe una lista completa de la gente que está en tu base de poder.

_____
_____
_____
_____
_____

Reactivación de los clientes del pasado

Si vas a avanzar y conquistar, te verás forzado a reactivar a clientes del pasado. Son una mina de oro que tal vez descuidaste al estar demasiado consentido por los periodos de bonanza y su exceso de oportunidades.

Reactivar a los clientes de tu pasado significa contactar a cada persona a la que hayas vendido o brindado un servicio. No se trata de algo opcional; debe hacerse todos los días. La forma más rápida y sencilla de lograrlo consiste en crear una lista de los clientes pasados y llamarlos personalmente. Puedes conseguir ayuda para reestablecer los contactos, pero nada será más efectivo que realizar las llamadas tú mismo.

No pierdas tiempo organizando o calificando la lista. Haz las llamadas y organiza después. Y nunca califiques. Si alguien te ha comprado una vez, él o ella debe ser contactado sin importar la situación financiera por la que atraviese. Recuerda: todos conocen a otras personas. Quizá sólo estés a un contacto de distancia del que requieres para cerrar una venta.

En los periodos de enorme negatividad económica, tu mayor beneficio es que tus competidores hacen muy poco para hallar la solución. Estamos ante un gran escenario y tú quieres tomar ventaja de él. Es un momento crítico para proteger tu base de poder y tus clientes pasados al establecer contacto con ellos con mayor regularidad. Al aumentar el número de personas que conoces, vencerás la tendencia a ver obstáculos y asegurarás tu expansión y supervivencia. Debes estar en desacuerdo con el medio que te rodea, con las acciones de tu competencia y de quienes trabajan contigo, y siempre entra en desacuerdo con ser razonable ante el mercado. *Haz justo lo contrario de lo que todos en tu entorno hacen y verás que casi siempre tendrás asegurado el éxito.*

La llamada en sí no es ninguna ciencia, así que no te preocupes por decir o no las cosas correctas. Recuerda que la acción cuenta más que cualquier otra cosa. No pierdas el tiempo pensando en que el contacto te juzgará por no hablar con él o ella durante mucho tiempo. Confía en mí: tus clientes no han pasado todo su tiempo desde la última venta pensando en por qué no los llamaste. Lo más probable es que te hayan olvidado y ése es exactamente el problema. En tiempos difíciles, no puedes permitir que alguien te olvide. ¡Quienes obtengan más atención de los otros saldrán de la situación difícil más fuertes que su competencia!

Una llamada a un cliente del pasado puede empezar de forma muy semejante a la utilizada con los miembros de tu base de poder. Diles que llamas para ponerte al día y pregunta no sólo por la persona, sino por su familia o negocio. Mantén la cháchara al mínimo con tal de lograr el objetivo real: "La segunda razón de mi llamada es saber si hay algo que podamos hacer por ti en este momento y dar seguimiento a la inversión que hiciste con nosotros."

Formula preguntas sobre qué tal funciona tu producto y la satisfacción del cliente o averigua si hay algún aspecto con el que no esté satisfecho. Esto crea oportunidades de ser útil. Y mientras muchos opinan que al preguntar sobre los problemas obtienes sólo problemas, mi experiencia demuestra una y otra vez que los problemas son una oportunidad para brillar. Te dan la oportunidad de hacer sólida la relación y distinguirte de la competencia o aumentar tus negocios al remplazar el problema con nuevos productos o servicios. Asume la modalidad de dar el servicio completo cuando enfrentes el problema de alguno de tus clientes. Así podrás restablecer la comunicación regular con un cliente que has descuidado. Recuerda: *los contactos se convierten en contratos y, mientras más contactos tengas, más contratos obtendrás.* Acepta los retos que otros evitan y úsalos para crear oportunidades que promuevan tus productos, servicios y tu propia persona.

Al terminar una llamada de reactivación a un cliente siempre reitera la razón que te llevó a llamar:

"Si hay algo que pueda hacer por ti, permíteme saberlo. Por cierto, ¿cuál es tu dirección actual? Necesito mandarte algo." (¡Asegúrate de obtener la dirección!) "Muy bien. ¿Y cuál es tu dirección de correo electrónico?" De nuevo, no cuelgues sin haber obtenido este dato; lo usarás en tus correos de seguimiento y en la visita personal. No califiques el éxito de la llamada con base en lo sucedido. Simplemente reconoce que has reactivado a un viejo cliente: algo que te resultará beneficioso en el futuro, puesto que seguirás contactando clientes vía telefónica, correo, correo electrónico y visitas personales.

Hay otro recurso más agresivo por el que puedes optar. El comienzo es igual al de la llamada previa:

"Hola, John. Habla Grant Cardone. ¿Cómo estás? Te llamo por dos razones: primero, no he hablado contigo en un tiempo y quería ponerme al día. ¿Cómo estás? ¿Qué tal la familia? ¿Tu negocio?" (Te recuerdo de nuevo que debes ser breve en estos temas, a menos de que el cliente quiera extenderse.)

Luego discute la información diseñada específicamente para este cliente en particular:

"La segunda razón por la que llamo es que, al mirar tu cuenta, me he percatado de que no te hemos puesto al tanto de los nuevos productos que podemos ofrecerte sin que aumenten tus costos mensuales. ¿Estarías interesado?" (Esta técnica se conoce como la "mejora de la situación del cliente".)

En cuanto detecto alguna contracción en el ciclo económico, pongo en marcha inmediatamente acciones que incluyen un aumento de comunicación con los clientes existentes ofreciendo mejorar su situación. No espero a que los medios hablen de lo mal que están las cosas en el mercado; procuro anticiparme a los ciclos para luego actuar antes de que las cosas se salgan de control. En las épocas difíciles, tus clientes buscarán reducir gastos. Yo considero que esto es una oportunidad, llamo a los clientes y les ofrezco remplazar o añadir valor al producto que ya tienen, al tiempo que reduzco sus pagos mensuales gracias a una extensión de su contrato.

Por ejemplo, mi firma vende capacitación de largo plazo y contratos de consultoría a los negocios. Por lo regular, las empresas nos contratan, nos ponemos de acuerdo en el precio y vendemos el contrato a un tercero; el cliente hace los pagos parciales a ese tercero (compañía de financiamiento) durante un tiempo determinado. Digamos que un cliente previo debe pagar todavía seis mensualidades al tercero. Cuando tomamos el teléfono y llamamos al cliente para renovar el contrato de capacitación, agregamos fechas de capacitación que el cliente necesitará de cualquier manera y hacemos que el balance debido quede asentado en un nuevo contrato con fechas y términos revisados, reduciendo los pagos mensuales. El cliente obtiene la capacitación que requiere a cambio de una mensualidad más baja; eso aumenta nuestros ingresos y logramos seguir dando servicio a nuestro cliente en un mercado en contracción. Estamos ante un escenario de gana-gana. Eso sí: debes pensar en formas creativas para llevar adelante a tus clientes reactivándolos con nuevos productos y servicios.

Por supuesto, no todos los clientes aceptan nuestra oferta y no todos están calificados para hacerlo. Pero esta forma creativa de pensar y actuar permite estar en contacto frecuente con los clientes y también seguir en el juego.

Apuesto a que piensas en cómo aplicar estos escenarios a tu negocio. Pasos como los antes expuestos requieren que asumas la responsabilidad por todas las partes del ciclo; me refiero a aspectos que podrías no haber considerado bajo tu responsabilidad en el pasado. No sólo harás tu trabajo; te asegurarás de que todas las demás acciones se lleven a cabo. Cuando las cosas se ponen feas, debes ir más allá de vender y promover. Te verás obligado a asumir el control de todas las labores asociadas con la obtención de un cliente y asegurarte de que el trabajo se haga. Es probable que tu organización disponga de menos gente en estos tiempos difíciles, por lo que deberás asumir mayor responsabilidad en cada paso necesario para cerrar un negocio. Recuerda que muchos de tus compañeros de trabajo estarán atascados en alguna etapa de la recuperación (o también pueden ser presa de la apatía), así que no esperes a que ellos demuestren tu misma mentalidad agresiva.

También te recomiendo no perderte en los detalles. En el caso que puse como ejemplo, el relacionado con la disminución de los pagos mensuales, no debes preocuparte por cumplir con la idea de reducir los pagos a tu cliente o de ofrecerle un servicio sin costo: el objetivo último es despertar el interés y abrir un ciclo de venta. "Sin costo" o "pagos reducidos" son términos relativos que significan algo distinto para cada quién. El grado de interés mostrado por tu cliente y su percepción de valor determinarán si acepta o no el negocio. No te concentres exclusivamente en la forma de cerrar una transacción con este contacto, sino en reactivar a tus clientes existentes y crear interés por tus productos y servicios. Las oportunidades se validarán solas.

Si el contacto expresa interés, por supuesto es algo bueno. De no ser así, vuelve a la parte en que ofreces servicios:

"¡Gracias por tomarte el tiempo de hablar conmigo! De nuevo te comento que el motivo principal de mi llamada es saber si hay algo que pueda hacer para mejorar tu experiencia de compra con nosotros." Termina la llamada con algo así como: "Permíteme saber si podemos ayudarte en algo. Y, por cierto, me encantaría comer contigo uno de estos días."

No tienes que buscar el negocio directamente, necesitas hacer contacto. Lo segundo en importancia después de la manera de iniciar la llamada, es cómo terminarla. Es clave volver al motivo original de tu llamada y dejar en claro la intención positiva y servicial de la misma.

Al igual que debes hacer en el caso de cada llamada, asegúrate de enviar una carta o correo electrónico y fija fecha y hora para una visita personal. Aprovecha las muchas tecnologías disponibles como la Administración de la Relación Comercial (ARC), el manejo de bases de datos, los programas de cómputo, los programas para borrar datos con seguridad y hasta las propuestas electrónicas; y combínalas con los recursos tradicionales como llamadas telefónicas, correos electrónicos, mercadeo en redes sociales, sin olvidar las visitas personales que maximizarán el seguimiento. El correo e internet pueden ser herramientas poderosas para permanecer en contacto, pero no dependas de una o de otra en exclusiva. Por ejemplo, creé un programa para los vendedores de automóviles que prefieren quitarle el proceso de negociación al vendedor. El programa, llamado EPencil™ genera electrónicamente toda la propuesta de negocio y da a la empresa y al presentador más credibilidad, velocidad y capacidad de cumplimiento. La empresa puede usar estas propuestas electrónicas para controlar y mejorar la experiencia de ventas. También puede promover sus productos en los programas de correo electrónico, en las respuestas de internet, por medio de la publicidad tradicional o con campañas postales directas.

Advertencia: *la reactivación de los clientes del pasado debe hacerse pensando en ofrecer un servicio e interesándote en el cliente.* Una vez más: no se trata de una acción de ventas. Debes esperar una orden o pedido por cada 10 o 12 llamadas que realices. Quizá esta estrategia no genere un gran retorno por llamada, pero es esencial para aprovechar las oportunidades identificadas. Ya has invertido mucho en estos clientes, así que debes seguir invirtiendo tiempo, energía y esfuerzo en esas relaciones que ya pagaron. Después de todo, no entrarías a una mina de oro para sacar unas cuantas onzas desaprovechando la mayoría. Lo mismo sucede con tu lista de clientes. Trata a tus clientes como si fueran oro y sigue trabajando tu mina al reactivar las relaciones.

Para aquellos lectores que son los más "irracionales" y dedicados: agrega un elemento referencial a tus llamadas y crea así la posibilidad de que un cliente nuevo remplace a uno viejo. Después de hablar sobre temas generales y mencionar el producto, haz la siguiente pregunta: "¿Conoces a alguien que pudiera interesarse en nuestro producto?" En lo personal, yo haría esto en cada llamada, pero no olvidemos que soy una persona irracional que, por experiencia, sabe que sólo se obtiene lo que se pide. Y, en contra de la falsa creencia popular, el pedir estas recomendaciones no te afectará negativamente. Mejorará la percepción de tus clientes en cuanto a tu profesionalismo. Digamos que se hace lo que todo hombre o mujer de negocios sabe que debe hacerse (lo discutiremos en detalle más tarde).

De nuevo, no llames para hablar de lo mal que está el mercado o decirle al cliente que llamas porque las operación va muy lenta. Nadie quiere escuchar esto. Sé positivo, asertivo, mantén el control y sé servicial.

Ahora, entremos en acción. Elige a cinco clientes de tu base de datos que te compraron algún producto o servicio en el primer trimestre del año pasado y llámalos. No te organices ni te prepares un café; sólo llámalos. No te asustes ni pienses en lo que dirás o puedan decirte; sólo hazlo. ¡Te sentirás menos intimidado mientras más rápido lo hagas! Recuerda que la gran mayoría de tus temores en la vida nunca se concretan. Y si no tienes clientes que te hayan comprado algo en el primer trimestre del año pasado, debido a que éste es tu primero en el mercado, elige cinco clientes cualesquiera o identifica a quienes compraron a alguien que trabajó antes contigo.

No pierdas de vista que tu objetivo durante estas llamadas es ofrecer soluciones a los clientes o mejorar su situación de alguna manera. Si estás comprometido con el éxito, con la supervivencia, con el progreso y con la apropiación de la participación de mercado de otros, debes pedir a tus clientes del pasado que te recomienden.

Ejercicio
Reactivación de clientes del pasado

¿Por qué quieres acercarte a este contacto desde una perspectiva de servicio y *no* pensando en una acción de venta?

_____
_____
_____
_____

¿Por qué no debes organizarte en exceso antes de hacer esta llamada?

_____
_____
_____
_____

¿Por qué debes estar dispuesto a solicitar problemas?

_____
_____
_____
_____

¿Cómo piensas incorporar una petición de recomendación a tu llamada?

_____
_____
_____
_____

¿Quieres aumentar tu nivel de acción?
Visita www.grantcardone.com/resourses

La llamada más efectiva para avanzar y conquistar

Las visitas personales son el método más poderoso para hacer contacto con un cliente y te *garantizan* mejorar tu posición en el mercado. Se requieren 10 llamadas telefónicas para igualar el resultado de una sola visita personal. Construí mi seminario y mi negocio como conferenciante sobre la base de que visitas personales a los clientes —muchos de ellos ni siquiera me conocen— es la mejor manera de que una compañía crezca. En una ocasión, estaba en Memphis por una semana y pasé a saludar a tres clientes cuando el seminario terminó, algo que siempre ha tenido efectos poderosos, para ellos y para mí. Cuando formaba mi primer negocio, había ocasiones —bastante frecuentes, de hecho— en que simplemente no lograba que me dieran cita para ver a la gente. Opté por hacer visitas "en frío" para darme a conocer. Fue lo más atemorizante que he hecho, pero dado que nadie me conocía y por no tener dinero para publicidad, era la única manera de presentarme y de presentar a la empresa ante los clientes potenciales con quienes deseaba hacer negocio.

Establecer contactos personales es una acción que requiere de mucho esfuerzo. Se necesitan muchos pantalones, pero te ayudará a desarrollar habilidades que no podrás perfeccionar a menos que las repitas una y otra vez. Este hábito ha tenido que ver más con mi éxito personal y profesional que cualquier otra forma de hacer las cosas. Además de ayudar a establecer una base de clientes, el contacto personal provocará en ellos un nivel de confianza en ti que no es posible lograr de otro modo. Si logras maestría en esta habilidad, podrás cuidar de tu persona y de tu familia y serás capaz de establecer un negocio *en cualquier parte*.

Realizar visitas personales te ayuda a superar temores e inseguridades respecto a tus capacidades. Ciertamente me ayudó a mí. Me obligó a pasar por alto los llamados "protocolos de negocios" que, creo, me negaban el éxito.

El presidente de Estados Unidos no llega a serlo sin visitas personales, sin estrechar la mano de quien no conoce, besando además muchísimos niños. Se requiere que él o ella se acerque a la gente —siendo o no bienvenido— y haga contacto bajo su propio riesgo. Cualquier político exitoso te dirá que ni el dinero ni los discursos pueden sustituir el contacto personal con la gente. Si este contacto es lo suficientemente bueno para llevar a la presidencia, entonces también debe ser bueno para mí. Y, créanlo o no, aspiras a ser presidente, presidente de tu industria y de tu mercado. De acuerdo, no se trata de un puesto público reconocido por otras naciones. Se trata de un puesto privado en el que tienes cien por ciento de la autoridad y no puedes echarle la culpa a nadie. No hay senado o congreso que apaciguar. Estás en completo control de tu economía y tu índice de aprobación pública no importa. No hay medios que ataquen cada uno de tus movimientos. Las cosas se hacen como tú dices y sólo tú determinas las condiciones de tu universo. Como presidente, las visitas personales a la gente con la que has hecho negocios asegurarán la salud, la solvencia y el éxito de tu administración.

No sugiero que crezcas tu negocio basándote solamente en visitas personales como yo hice, porque es muy posible que tú cuentes con dos ventajas que yo no tuve: (1) tu base de poder (la gente que conoces); y (2), tus clientes anteriores. Usa el poder de las visitas personales con esas dos fuentes antes de pasar a hacer llamadas en frío; te enseñaré exactamente cómo hacerlo para ser más eficiente.

Mi esposa es actriz y, en una ocasión, cuando regresaba de una audición que no había marchado muy bien, traté de consolarla. Ella respondió informándome: "No tienes la menor idea de lo que es ir a una audición." Respondí: "Amor, entiendo. En mi vida he estado en más audiciones que tú y 10 actores más juntos, sólo que con dos diferencias: (1) yo llamo al suceso "reunión de ventas"; y (2) nunca estuve invitado."

Cuando quieres algo intensamente harás lo que sea para lograrlo, incluyendo ignorar las normas sociales y las conductas aceptables para lograr que tus productos y servicios se conozcan. *El mercado, particularmente uno en contracción, sólo recompensará a quienes estén dispuestos a hacer lo que sea.*

Recuerda: vas a utilizar la información acumulada durante tu llamada de presentación en esta visita personal. No se trata de una llamada en frío porque son amigos, familiares, clientes anteriores y contactos. Hay varias razones por las que la gente no hace este tipo de visitas. Una es que nos han condicionado a no tomar medidas extremas para obtener lo que deseamos de la vida. Tú y yo estamos básicamente programados para ser razonables y lógicos (lo que se suprime en nuestro caso) y no irracionales, ilógicos (lo que es bueno en este caso) y dispuestos a hacer lo que sea para tener éxito. Ésta es la principal razón por lo que las personas no logran que sus sueños se hagan realidad.

La economía no tiene que estar arruinada para que la gente tenga problemas financieros. Ves pruebas de esto todos los días. Por lo tanto, las economías no determinan el éxito; lo hacen tus acciones. Las economías no gobiernan a las personas; la gente crea y administra las economías. Los individuos y las empresas sufren porque se niegan a hacer *lo que sea*. La gente sufre financieramente porque no es capaz de ponerse frente a la cantidad de personas suficiente para promoverse, para promover sus servicios y sus productos. ¿Alguna vez has visto a un hombre que sale con una mujer que parece ser de otro nivel y te has preguntado *cómo lo hizo*? Bien: la respuesta es que fue poco razonable y descartó lo que la mayor parte de la gente considera importante. Y debido a eso, obtuvo a la chica hermosa.

El contacto personal constituye la llamada de ventas más temida y más eficiente. También es la forma más rápida para distinguirte de tu competencia. Debes estar dispuesto —especialmente durante las contracciones económicas— a tomar medidas extremas para compensar las dificultades. Por lo regular, la acción sólo *parece* extrema porque la gente espera a que algo pase en lugar de *hacer* que las cosas sucedan. Nunca he conocido a alguien que no esté de acuerdo en que nada es más efectivo que el contacto personal cuando tratas de venderte y de vender tu producto o servicio. Puesto que industrias enteras se han hecho adictas al mercadeo masivo y a las enormes campañas de publicidad, se han vuelto dependientes de obedecer órdenes y no se empeñan lo suficiente en crear oportunidades. La publicidad es ineficiente en periodos de contracción, debido a que resulta demasiado cara y no suele llegar a oídos receptivos. El público sólo busca productos que le ahorren dinero sin inversión de por medio. Los anuncios de página completa terminan en el bote de la basura sin que nadie los lea. Miles de millones de correos electrónicos se quedan sin leer todos los días, pues llegan a la bandeja de elementos no deseados. Por otro lado, las visitas personales son eficientes en cuanto a costo, están dirigidas, y son una forma ideal para diferenciarte en el mercado. Harán que los clientes potenciales piensen en ti y en tu empresa.

Quiero que hagas una visita diaria durante los próximos 21 días y verás que tu vida y tu negocio se revitalizan. Entre la gente que llamaste y a la que enviaste un correo o un correo electrónico conforme a las dos acciones antes mencionadas, elige a una persona para visitar diariamente. No llames para decir que la visitarás; no pidas permiso. Sólo preséntate. En la mayoría de las situaciones te encontrarás con el portero o recepcionista, a quien dirás: "¿Está John? Soy un amigo personal" o "Es mi cliente. Estaba por estos rumbos y pasé a saludar." Si tu cliente no está, deja tu tarjeta y tómate un tiempo para dejar buena impresión en la persona que te recibió. Él o ella deben sumarse a tu base de poder porque los necesitarás en el futuro para contactar con tu cliente.

Cuando logres estar cara a cara con tu contacto, simplemente di: "John, estaba por aquí y quise pasar a saludarte. ¿Dispones de unos minutos? ¿Cómo van las cosas? ¿Te satisface el producto o servicio que me compraste?" Para el caso de un cliente pasado con quien todavía no has tenido éxito considerable: "Estaba por aquí y quise visitarte para ver cómo has estado y para ponerme al día. ¿Cómo va el negocio? ¿La familia?"

Los clientes con los que te encuentres procurarán ser recíprocos y te preguntarán cómo te va a ti y qué haces. Responde amablemente y, si expresan algún interés y ves una oportunidad, averigua cómo puedes ser de utilidad. Si no ves esa oportunidad, pídeles el nombre de algún conocido que pueda interesarse por tus servicios. Podrías decir algo como: "No vine a esto, pero ¿conoces a alguien que pudiera estar interesado en mis productos o servicios?" Entonces aguarda y deja que el cliente piense y te dé un nombre.

No hay nada negativo en hacer una visita. Nadie te echará ni ridiculizará, nadie llamará a la policía para sacarte. No hay forma de ser rechazado ni de fracasar, puesto que solamente estás pasando a saludar y a restablecer el contacto; no estás tratando de vender nada. Lo bueno de esta táctica es que puedes tener suerte y encontrarte con alguien que en verdad necesite lo que tienes, lo que te permitirá hacer una presentación, una propuesta y una venta. Si sólo te sientas a esperar que algo suceda, esperarás muchísimo y estarás desilusionado a fin de mes.

Si sales y haces que las cosas pasen, algo *sucederá*. Éste es uno de los grandes métodos que menos se utilizan para sobrevivir en una crisis económica. Piensa en una persona que pierde el empleo y que busca trabajo. La mayoría de la gente pasa tiempo reescribiendo su currículum para luego enviarlo y esperar una respuesta. Cuando la economía entra en recesión, los empleos se pierden y más gente necesita trabajo. Esto significa que hay más currículums enviados a las empresas, lo que disminuye las probabilidades de que se lea el tuyo. No obtendrás empleo con sólo enviar tu currículum; sucederá cuando te sientes frente a alguien, conozcas a esa persona y la hagas sentir confianza por contratarte. Me sorprende cuánto tiempo y dinero invierte la gente en averiguar la mejor forma de escribir un currículum y cómo venderse durante una entrevista.

Mira tu oficina. ¿Ves dinero u oportunidades de hacer negocio? Lo más probable es que no sea así porque estas cosas sólo existen fuera de tu oficina. Igualmente, si diriges una empresa desde tu casa, no encontrarás dinero oculto en la cocina. Nadie de los que viven en ella comprará tus productos, servicios o financiará tus proyectos. Así que empieza poniendo a funcionar tu base de poder y los clientes pasados. Haz contacto con ellos por medio de visitas personales. Miles de negocios —incluso imperios comerciales— se han construido sobre esas bases. Supera tus dudas y resiste cualquier idea que te hayan enseñado en este sentido. Vuélvete irracional y actúa como si tu vida dependiera de hacer esto bien.

Así que sal y haz una visita personal, ahora mismo o mañana por la mañana. No me importa a quién visites; sólo ve. Luego programa una visita durante los siguientes 21 días. Si no pierdes uno solo, hacer conexiones se convertirá en una costumbre y experimentarás las recompensas que ofrecen las técnicas de avance y conquista.

Ejercicio
La llamada más eficiente para avanzar y conquistar

¿Por qué son más efectivas las visitas personales que cualquier otro tipo de contacto?

_____

_____

_____

_____

¿Qué grupos de personas visitarás primero?

1. _____

_____

_____

2. _____

_____

_____

¿Por qué no hay dinero en tu oficina? ¿Dónde está?

_____

_____

_____

¿Cuáles son las cuatro cosas que no sucederán como resultado de una visita personal?
1. _____

_____

_____

2. _____

_____

_____

3. _____

_____

4. _____

_____

_____

¿A quién podrías visitar hoy mismo?

_____

_____

_____

_____

¿Quieres saber cómo actuar al cien por ciento de tus capacidades?
Visita www.grantcardone.com/resources

(5)

Transformar lo invendido

Tómate un momento para pensar en todas las personas a las que intentaste venderles sin lograrlo. Probablemente se trate de un número muy grande pues la realidad es que uno no suele venderle a la mayoría de los clientes potenciales. Ahora tomaremos a todas las personas que han caído en esta categoría durante los últimos seis meses y convertiremos esas "no ventas" en "ventas". Aunque rara vez se aprovecha, esta táctica funciona realmente; después de todo, ¿no es verdad que toda esta gente permanece sin que se le venda porque nadie se le ha acercado? Todos terminan haciendo algo; sólo es cuestión de saber cuándo y con quién. El hecho de que hayas fallado en cerrar una venta potencial para luego olvidar ese intento, no significa que la persona haya dejado de ser un cliente potencial de tus servicios. El que no hayas realizado el seguimiento del cliente no significa que la persona haya dejado de ser un prospecto. Puede que él o ella no pudiera comprar tu producto o servicio en su momento por falta de dinero, por no estar listo o lista o haya dilatado la decisión para reconsiderar. Tal vez el cliente no pudo conseguir financiamiento en ese momento, o tal vez le ofreciste el producto equivocado, o quizás lo compró a otra persona y no quedó contento con esa decisión.

Este tipo de oportunidades suele pasarse por alto, y debemos cambiar eso para ávanzar y conquistar. No desperdicies tiempo preocupándote porque no lograste vender antes a estos clientes potenciales. Siguen representando una oportunidad viable y no deben eliminarse de nuestra lista de prospectos por la experiencia pasada o por considerarlos una "pérdida". Más bien, debes reactivarlos hasta que se conviertan en una venta futura o en parte de tu base de poder en constante expansión. Esos prospectos son buenos para hacerles una visita. Recuerda que todos tienen conocidos y, si te relacionas con más gente, ¡más personas conocerás y llegarán a conocerte!

Un estudio realizado por la editorial Thomas Publishing Company, revela que la mayoría de los vendedores, sin importar la industria en que se desempeñen, se dan por vencidos demasiado pronto. De acuerdo con el estudio, 80 por ciento de las ventas a negocios se realizan en la quinta llamada de ventas, pero sólo 10 por ciento de los vendedores llaman más de tres veces. ¡Ups! Las probabilidades indican que no has dado el seguimiento correcto a tus clientes potenciales, no has sido consistente y no has intentado lo suficiente. Las nuevas oportunidades de negocio que requieres pueden estar guardadas en tus expedientes. Dado que ya has invertido tiempo y energía, te recomiendo que sigas trabajando hasta dar con el filón de oro. La mejor manera de hacerlo es volver a tus notas o base de datos. Usa las acciones que describimos al principio y nunca dependas de una sola forma de hacer contacto. Lleva toda la artillería para conseguir nuevos clientes incluyendo llamadas telefónicas, mensajes, correo, correo electrónico y visitas personales, y jamás dejes el seguimiento. Tengo clientes a quienes he llamado 20 días seguidos antes de que tomen mi llamada. Sin importar la razón por la que no me devuelven la llamada, cuando se trate de hacer algo con mi producto, seré la primera persona en quien ellos piensen. ¿Te parece demasiado? ¡Nunca es demasiado si se trata de ser el primero!

He aquí un ejemplo de llamada a una persona a quien has tratado de venderle en el pasado sin cerrar la venta: "John, habla Grant Cardone. Nos reunimos hace unos cuatro meses, cuando pensabas en adquirir mi producto. Aunque no pudimos conseguir tu negocio entonces, quise llamarte hoy por dos razones. Primero, quería saber cómo van las cosas". (Conversa un poco, pero no prolongues demasiado el intercambio.) "Segundo, ¿qué pasa hoy con lo que pensabas hacer hace cuatro meses? ¿Decidiste comprar?"

Si la persona no te ha comprado, averigua por qué como si nunca te hubieras enterado. Tendrás que empezar desde cero con esta venta. No asumas que el cliente quería entonces lo mismo que quiere hoy. Pregunta a la persona qué ha cambiado desde entonces. Investiga por qué decidió no cerrar el trato entonces. Luego pregunta: "¿Qué quieres lograr ahora?" Puede que este ciclo vuelva a la vida y debas empezar de nuevo a averiguar sobre los hechos, hacer otra presentación, podrías presentar un producto completamente nuevo y hacer una nueva propuesta. *No te saltes ninguno de los pasos que sigues para vender por el hecho de haberlos realizado antes.* Comienza esta venta de nuevo y olvida todo lo hecho antes, pues ya no resulta pertinente.

Si el contacto le compró a alguien más, felicítalo por ello. Pregunta qué tal funciona el producto y déjale saber que estás ahí para ayudarle en lo que necesite. Di algo como: "Me gustaría poder ayudarte independientemente de que hayas comprado a otro proveedor. Lamento no haberme quedado con tu negocio." Recuerda: cada contacto vale mucho más que una venta. Esta persona comprará de nuevo y es probable que conozca a otras que también comprarán. De nuevo: la única diferencia entre un contacto y un contrato es la relación. Muy probablemente, el competidor que tuvo la suerte de quedarse con el negocio ya no está dando seguimiento a esta persona, lo que te da una enorme ventaja sobre quienes le vendieron la primera vez.

Recuerda enviar una carta o correo electrónico después de cada llamada, y pon a este individuo en tu lista de contactos personales y apunta su nombre en la agenda en que programas tus visitas. Sigue nutriendo estas "oportunidades perdidas" hasta que formen parte de tu lista de clientes. No olvides que estas personas son parte de tu base de poder, a pesar de que aún no les vendes. Una vez tuve un prospecto en Washington, D. C. Yo solía llamarlo un par de veces al año. Año tras año, fracasé al tratar de conseguir su negocio, pero seguí tratándolo como cliente y le llamaba con regularidad. Tras 10 años de insistir, finalmente me quedé con el negocio. Fue uno de los contratos más grandes que he conseguido en mi carrera. Como bien dijo Vince Lombardi: "¡Los ganadores nunca se rinden, y los que se rinden nunca ganan!"

Este tipo de transformación que convierte ventas frustradas en ventas logradas, funciona con clientes que han preguntado por tu producto o servicio uno, dos y hasta tres años antes. Sin embargo, los mejores prospectos son los que te contactaron durante los seis meses anteriores. En lo personal, nunca dejo de reactivar a alguien basado en el tiempo transcurrido. Un contacto establecido hace tres años no vale ni más ni menos que el de tres días antes. Lo que vale para mí es el *individuo:* la naturaleza de la relación previa, su nombre, el teléfono, su correo electrónico y el lugar en que puedo encontrarlo personalmente. Me he encontrado con que la mitad de los prospectos que contacto me piden que les mande información o muestran algún interés por mis productos o servicios. Veinte por ciento de ese 50 por ciento se convertirán en clientes. Seguimiento, seguimiento, seguimiento. La persistencia siempre paga.

No obstante, debes ser creativo para continuar con el seguimiento propuesto. No puedes concentrarte solamente en vender tu producto. La gente me ha llegado a decir: "Grant: pierdes tu tiempo." Y aun así he seguido con mi compromiso y seguimiento, justamente porque no pienso que pierda el tiempo; estaba *invirtiéndolo* y realizando el trabajo necesario. No importa si tienes que hacer otra llamada, enviar algo por correo o correo electrónico, hacer una visita personal o averiguar dónde estará un determinado cliente para "encontrártelo". Nada importa. Debes continuar con el seguimiento.

Acepta que nadie evitará que hagas tu trabajo y lo necesario para crear el negocio que deseas. Sé que puede parecer un tanto extremo, pero ni tú ni yo buscamos aprobación. Queremos que nuestros negocios crezcan. Los estadounidenses tienen una terrible aversión a la ira y la tratan como si fuera indeseable. Otras culturas conceden mucha menor importancia a las emociones fuertes y las reconocen como parte del intercambio que tiene lugar. A veces la gente se enciende, pero eso no significa que no debas continuar con la transacción y consumar el trato.

Un hombre de negocios exitoso de Los Ángeles, llamado Kevin Kaul, me dijo: "La diferencia entre un contacto y un contrato está en la relación, y si no cuidas el contacto, nunca crearás la relación necesaria para convertir el contacto en un contrato." Estar verdaderamente en una relación significa que estarás ahí en las buenas y en las malas. Después de todo, el que mi esposa y yo tengamos un desacuerdo no significa que le dejaré de hablar por siempre. Sin embargo, los negocios, las gerencias, los emprendedores y los vendedores cometen cada día este mismo error de apreciación. Fallan al dar seguimiento porque perciben cierta emoción negativa, falta de comunicación o de interés por parte del prospecto. A algunos les preocupa la posibilidad de que, al dar seguimiento con demasiada persistencia, se les tome por desesperados. Sin embargo, el simple hecho de preocuparse demasiado por una etiqueta como ésta, significa que la mayor parte de la gente nunca hace lo necesario para que se le etiquete como "altamente exitoso".

Para que te des cuenta de que tiene sentido presionar en momentos incómodos, determina cuál será el beneficio cuando el acto incómodo pague. Digamos que quieres un cliente que vale $100 000 dólares para tu empresa y $10 000 para ti, sin contar lo que vale la seguridad en el empleo y la sensación de logro. Pregúntate: "¿Vale la pena embarcarse en las molestias que da el seguimiento —incluso cuando me han dicho que no— para tener la esperanza de que el negocio se cierre?" Si no haces el seguimiento, no obtendrás la venta. ¡Si lo haces, la venta podría concretarse! Una vez me dijo un cliente: "Nunca hago negocios con nadie las primeras tres veces que me llaman. A la mayoría ni siquiera los veo. Si no insisten y dan seguimiento, pienso que no creen lo suficiente en su producto o servicio. ¿Por qué he de molestarme en atenderlos la primera vez?"

Una vez estuve involucrado en una transacción muy grande en que todas las partes pensaban que teníamos un acuerdo, excepto yo. Simplemente estaba en desacuerdo con el precio que se me iba a pagar, a pesar de que todos los demás, incluyendo a mis socios, estaban muy felices con el trato. Estaba al tanto de que renegociar sería feo y crearía muchas emociones negativas, pero también sabía que si no renegociaba, siempre lo lamentaría. Elegí renegociar a pesar de que todos pensaban lo contrario. Las cosas se pusieron difíciles y emotivas, pero no perdimos el trato y aumentamos nuestro precio de venta casi 12 millones de dólares. Sé que estás ahí sentado pensando: "Claro que lo haría para ganar 12 grandes." Pero necesitas comenzar a desarrollar el músculo y la disciplina para dar seguimiento y hacer las cosas desagradables a menor escala, porque estas acciones difíciles te preparan para las grandes transacciones. *Seguimiento, seguimiento, seguimiento. Da seguimiento a pesar de lo que te digan, a pesar de las emociones, a pesar de todo. . .* ¡no pares de dar seguimiento!

Otro ejemplo de lo importante que es la persistencia: recientemente me encontré con alguien que mostró interés en los servicios de mi empresa, pero cuando empezamos a dar seguimiento al cliente con información y precios, pareció perder el interés. Empecé a llamarlo y hablé con él brevemente en dos ocasiones. Desde entonces, ni yo ni mi equipo tuvimos la suerte de hablar con él. He dejado 30 mensajes en su teléfono del trabajo y en su celular y le he enviado al menos 18 correos electrónicos. Todo esto se hizo en un periodo de seis semanas; cada correo o correo electrónico comunicaba un alto grado de interés por él y por su empresa. Por mi parte, desde el principio dejé en claro que pensaba continuar con este tipo de actividad sin importar cuánto tiempo me llevara lograr el objetivo. También le mandamos por correo electrónico seis videos y seis estrategias de ventas que podía aplicar en su negocio. Ahora bien, ten en cuenta que sólo respondió a 3 de los comunicados y que ninguna de estas respuestas tuvo lugar después de la primera semana. Esta falta de respuesta podría hacerte pensar que no existe interés. No obstante, no pensé que *su* interés fuera tan importante como *mi* interés en él. Justo cuando terminaba de escribir este capítulo, me mandó un *mail* pidiendo información sobre mí y sobre la empresa para considerar la posibilidad de que lo ayudara el año entrante.

Lecciones a aprender:

1. Comprométete con el seguimiento.
2. El interés por tus clientes es más importante que su interés por ti.
3. Deja en claro de antemano que darás seguimiento hasta obtener resultados.
4. Sé creativo al planear el seguimiento.
5. Siempre, siempre, siempre deja mensaje en las contestadoras y en el correo de voz.
6. ¡Nunca, nunca te rindas! Sé irracional al dar seguimiento y ganarás participación de mercado, independientemente de la situación económica.

Ejercicio
Transformar lo invendido

¿Cuáles son las siete razones por las que alguien pudo no comprarte a ti?

1. _____
   _____
   _____

2. _____
   _____
   _____

3. _____
   _____
   _____

4. _____
   _____
   _____

5. _____
   _____
   _____

6. _____
   _____
   _____

7. _____
   _____
   _____

¿Qué dicen las estadísticas sobre el número de veces que necesitas llamar a una persona para cerrar un trato?

_____
_____
_____
_____

¿Qué debes hacer en caso de que la "venta perdida" muestre interés?

_____
_____
_____
_____

Explica qué significa eso de que tu interés por ellos es más importante que el interés de ellos en ti.

_____
_____
_____
_____

¿Qué beneficios se obtienen al dejar siempre un mensaje?

_____
_____
_____
_____

¿Cuáles son los aspectos de vital importancia que has aprendido sobre el seguimiento?

1. _____
_____

2. _____
_____

3. _____
_____

4. _____
_____

5. _____
   _____
   _____
6. _____
   _____
   _____

¿Quieres aprender a transformar lo invendido?
Visita www.grantcardone.com/resources

Multiplicar con los clientes que ya tienes

Si estás directamente involucrado en ventas —o eres dueño de una empresa que vende un producto—, probablemente has recibido de tiempo en tiempo la llamada de algún cliente que te presenta a otra persona que quiere tu producto o servicio. Desafortunadamente, esto es algo que te sucede, no es algo que suceda gracias a ti. La meta consiste en hacer que esto suceda mucho más seguido para no tener que esperar cruzando los dedos. Cualquiera puede tener suerte, pero tú deseas crearla con tus acciones.

Esperar es una actividad de bajo nivel, apática y pasiva que condiciona demasiados factores al factor suerte. Tú debes generar cualquier actividad para tu negocio porque así podrás controlar el resultado y el ingreso sin importar el estado de la economía en que vives y trabajas. También tengo la loca idea de que si te ves envuelto en un accidente, es mejor provocarlo a que te suceda. Cuando la mayoría de la gente tiene un accidente, lo primero que hace es echarle la culpa a algo o a alguien, gritándole al mundo (inconscientemente) que él o ella es una víctima. Por lo menos, cuando ocasionas el accidente puedes decir: "Yo hice que sucediera."

Prefiero ser la causa no el efecto. Prefiero hacer una mala inversión que darle a alguien mi dinero para que tome una mala decisión financiera. Odio ser la víctima. Y no confío en esa cosa llamada suerte ni en esperarla. No me importa fracasar, siempre y cuando fracase intentando las cosas. No me importa cometer errores si se cometen mientras intento algo, sin que sucedan solamente porque sí. El objetivo de estos pasos es que realices acciones que generarán oportunidades adicionales y producirán ganancias, lo que terminará por ayudarte a crear tu propia economía.

Volvamos al concepto de usar los clientes existentes para crear nueva clientela. Hay dos cosas que debes hacer: (1) siempre pregunta; y (2) concéntrate en *cómo* preguntar. Ya hablé de esto brevemente en un capítulo anterior, pero ahora quiero concentrarme en el contacto específico y en la tecnología que ayuda a que los clientes existentes reactiven a otros para desarrollar mi negocio.

Llamarás a *todos* tus clientes actuales y tocarás base con ellos para saber si puedes seguir sirviéndoles de alguna manera. Ofrecerás sugerencias sobre cómo optimizar el producto o servicio que les vendiste y, antes de terminar la llamada, les pedirás que te ayuden. "John, permíteme preguntarte si tienes algún amigo, familiar o socio que pudiera estar interesado en los productos y servicios que represento" Luego guarda silencio y permite que te respondan. Si no conoce a nadie, di: "Comprendo. Si conocieras a alguien, ¿quién sería?" Puede sonar confuso, pero te sorprendería saber cuántas veces esta segunda pregunta genera nombres. También te sorprendería saber cuántas veces obtienes un nombre al preguntar por vez primera. Algunos clientes incluso dirán cosas como: "Es curioso que me preguntes eso. Hablaba hoy con mengano y me preguntó dónde había yo conseguido el mío." A lo que debes responder: "¡Excelente! ¿Cómo se deletrea su apellido? ¿El nombre? ¿En qué número telefónico puedo localizarlo? ¿Cuál es su dirección de correo electrónico? ¿Y por qué piensas que podría interesarse?"

No preguntes: "¿Le podrías dar mi nombre?" *No preguntes*: "¿Puedes decirme su nombre?" *No preguntes*: "¿Tienes su número?" Debes procurarte los datos como se explica en las últimas líneas del párrafo anterior, sin pedir el permiso de tu cliente. No te olvides de preguntar también: "¿Por qué pensaste en él?"

Tom Stucker, consultor de negocios y muy brillante experto en su desarrollo, dijo una vez: "La peor parte de ganarte a un cliente es que pierdes a tu mejor prospecto." Es importantísimo que remplaces a quienes te compran o contratan con nuevos prospectos; de no ser así, siempre resultará que tu producción personal sube y baja. Tu éxito no está limitado por la economía sino por la gente que conoces y el interés que puedas generar en tus productos o servicios. Así es como podrás crear tu propia riqueza sin depender de la economía nacional o mundial. Los vendedores, gerentes, emprendedores, directores generales, las empresas e incluso industrias enteras sufren y hasta dejan de existir porque no se dan tiempo para generar nuevas oportunidades a partir de quienes ya han conquistado. Como ya dije, no puedes valerte de la publicidad para salir avante de una recesión económica. ¡Debes hacer un mejor trabajo en crear o encontrar a cualquier contacto que pueda hacer negocio contigo!

Aprende a activar y multiplicar los clientes que ya tienes para crear nueva clientela. Confía en mí: te ayudarán si lo pides. Pregunta con regularidad y desde el principio de la relación comercial y no dejes de preguntar. Nunca he pagado a los clientes por este tipo de ayuda, pero los he recompensado después. Entrego un gran producto, doy un extraordinario servicio, hago todo lo necesario para crear una experiencia extraordinaria y luego, sin pena alguna, pregunto a la gente a la que acabo de vender si conocen a alguien interesado en lo que yo ofrezco. He llegado a usar este método hasta con personas que no me han comprado. Recuerdo que una vez pregunté a un cliente con el que no podía cerrar la venta: "¿A quién crees que le interesaría aprovechar lo que te ofrezco?" El cliente respondió: "¿Por qué estaría yo dispuesto a enviarte con mi competencia? No quiero que ellos mejoren." Luego, sin razón aparente, cambió su falta de interés y dijo: "Si crees en lo que haces al grado de pedirme una recomendación después de rechazar tu oferta, ¡creo que mereces venir y hacernos una presentación completa a mí y a mi equipo!" La verdad es que no tengo idea de qué le hizo cambiar de opinión repentinamente. Tal vez se tomó un minuto para considerar exactamente por qué no quería mandarme con otra persona aunque rechazó mis servicios. Sólo sé que, por alguna razón, esa pregunta cambió su forma de pensar. Hice la presentación ante su equipo y se convirtió en un gran cliente que luego me conectó con otras personas, lo que me abrió las puertas a muchos clientes nuevos.

También he vivido el caso de gente que no hace negocio conmigo, pero me da nombres de quienes podrían interesarse. ¡Incluso he logrado negocios por referencias antes de cerrar el trato con quien me recomendó originalmente!

Se dice que el afamado clérigo y escritor Basil King afirmaba: "¡Sé audaz, y fuerzas muy poderosas vendrán en tu auxilio!" La frase correcta es: "Ve por ello con audacia, y te encontrarás con que hay fuerzas que te rodean para prestarte ayuda." De la Biblia, Juan; 16: "Pide y se os dará." Las verdades simples se aplican a los negocios y a la vida misma, pues la vida comprende a los negocios y su calidad depende —de muchas maneras— de la calidad de tu negocio. Cuando hablamos de generar oportunidades, la única regla es generar y regenerar todo lo imaginable para prosperar. Así que sé audaz en tu compromiso de llevar nuevas oportunidades a tu negocio.

Nunca prestes oídos a quienes piensan que al pedir ayuda a tus clientes pones en peligro la relación o das una mala impresión, dañando así la "experiencia del cliente satisfecho". Los negocios estadounidenses consideran el servicio al cliente un mantra, erróneamente piensan que con decir la frasecita constantemente, ganarán participación de mercado como por arte de magia. Es como si las empresas hubieran enfatizado demasiado la meta de la satisfacción del cliente, hasta el punto de negar la importancia de allegárselos en primer lugar. Los mercados son demasiado competitivos y demasiado fluidos; debes captar la atención del cliente antes de preocuparte por satisfacerlos. Obviamente, todos queremos lealtad, pero antes debemos conseguir un cliente.

Existe una lista casi infinita de empresas obsesionadas con la satisfacción del cliente, ahora incapaces de proporcionar cualquier nivel de satisfacción, pues sus puertas están cerradas. Washington Mutual, Circuit City, Heard Automotive y Dillard's son sólo algunas de las organizaciones que gastaron cientos de millones de dólares en anuncios sobre la satisfacción del cliente (pura retórica) y nunca pudieron responder. Me sorprende el número de empresas alrededor del mundo que cambiaron sus nombres para incluir palabras como "amigable" o "cortesía" en un esfuerzo por reparar su dañada reputación. El cambio de nombre no te mantendrá en el mercado, así como un anuncio que pregone tu enorme aptitud para satisfacer al cliente tampoco te producirá clientes satisfechos. En primer lugar, si no sabes cómo conseguir un cliente y venderle tus servicios, ¡ni siquiera debes molestarte con la satisfacción del cliente!

Sin nuevas oportunidades que remplacen a los prospectos-convertidos-en-clientes, no puedes sobrevivir en el mercado; no estarás allí para dar el servicio y mucho menos satisfacción. Te insto a que antepongas la importancia de conseguir clientes a todo lo demás, siguiendo de inmediato con un *verdadero* compromiso para satisfacer al cliente. Debes activarlos, cerrar tratos con ellos, remplazarlos con nuevos prospectos y asegurarte de exceder sus expectativas, todo en ese orden. El dueño de una empresa con quien trabajé una vez, me dijo: "No puedes pedir al cliente una recomendación antes de ganarte el derecho de hacer negocios con él." Lo abrumé con una serie de preguntas: "¿Quién te dijo que no puedo hacerlo? ¿Dónde aparece esa regla o protocolo que indica que no puedo hacerlo? ¿Quién ofrece este tipo de consejo limitante? ¿Quieres hacer crecer tu negocio o encogerlo? Luego me calmé y le dije: "¡Conozco los diez mandamientos y éste no es uno de ellos! Las reglas y limitantes que determinan tu juego existen sólo en tu mente y no tienen lugar en el mundo de los negocios." La empresa de este hombre fracasaba porque convertía en algo demasiado razonable crear nuevas oportunidades.

En los 25 años que he estado en el negocio, jamás he tenido un cliente que se enojara conmigo por pedirle una recomendación, y les he preguntado antes, durante y después de la transacción (tal vez les he preguntado con demasiada frecuencia). Así que haz un compromiso sólido y poco razonable para generar nuevas oportunidades por ti mismo. Te aseguró que crecerás, conquistarás y quitarás participación de mercado a tus competidores.

Ejercicio
Multiplicar con los clientes que ya tienes

¿Por qué es mejor hacer que algo suceda en lugar de esperar a que te suceda?

_____

_____

_____

¿Cuáles son las preguntas exactas que debes hacer cuando pides una recomendación?

_____

_____

_____

¿Cuáles son las tres cosas que debes evitar al preguntar a un cliente si sabe de alguien que pueda necesitar tus productos o servicios?

1. _____

_____

_____

2. _____

_____

3. _____

_____

¿Cuál es la forma correcta de preguntar?

1. _____

2. _____

3. _____

_____

$$\left(7\right)$$

Cómo tener un desempeño asombroso

Pregúntate si alguien te ha proporcionado una experiencia verdaderamente asombrosa durante los últimos 90 días. Espero que la mayoría de ustedes responda negativamente. La gente de hoy está tan acostumbrada a recibir un servicio pobre o mediocre —antes y después de la venta—, que en cuanto recibe un trato un poquito mejor que mediocre, ciertamente nota la diferencia. Es muy raro que la gente se desempeñe a niveles que en verdad logren crear una experiencia excepcional y una impresión positiva. Pregúntate durante cuánto tiempo recuerdas a las personas que te atendieron. Si las recuerdas, ¿en qué medida será debido al mal servicio que te brindaron? Yo esperaría que te acordaras de pocos empleados y que, cuando los recuerdas, casi siempre se debe a haber tenido una mala experiencia, no una buena.

Este tema es una continuación perfecta del tema que discutimos en el capítulo pasado, el de la satisfacción del cliente. En todo momento, tienes que hacer lo necesario para aferrarte a los que ya son tus clientes porque representan la base sobre la que crecerá tu negocio. Sin la recomendación de tus clientes, no tienes posibilidades de mantenerte a flote y mucho menos conquistar cuota de mercado. Y la mejor manera de retener a tus clientes es satisfacerlos más allá de sus expectativas y no dejar de hacerlo, antes, durante y después de la venta. Si en verdad quieres satisfacerlos, asegúrate de impresionarlos *antes* de la venta; de no ser así, ¡no podrás hacerlo después!

En tanto que esto sucede siempre, es especialmente importante que te desempeñes a un nivel completamente distinto durante los periodos de contracción económica para así poder diferenciarte porque (1) no puedes perder oportunidades; y (2) éste es el momento ideal para arrebatar participación de mercado a otros. No quieres tener clientes satisfechos; ¡los quieres asombrados!

En realidad, es más fácil lograr una experiencia asombrosa durante las malas épocas que en las buenas, porque tu competencia está tan obsesionada con sus problemas durante los malos tiempos que su capacidad para generar una experiencia positiva tiene muchas probabilidades de haber disminuido. Se convierten en víctimas de la economía porque no tienen la intención de crear su propia economía o entender cómo crear una, y porque perpetúan estas condiciones negativas al no pensar siquiera en términos de proporcionar una experiencia asombrosa. Es muy difícil, y hasta imposible tal vez, pensar en términos de excelencia cuando todo su ser está comprometido con un estado de aflicción. Es esencial que vayas más allá para impresionar a los consumidores cuando se ajustan el cinturón financiero y se vuelven más selectivos. Dar una experiencia asombrosa te brinda muchas más oportunidades de alejarlos de eso que, según todo mundo, es precioso y vital para su supervivencia: su dinero. Con los medios dando constantes recordatorios de lo mal que marcha todo en estos tiempos, la parte asombrosa de la experiencia es lo único que lleva a los clientes a dar el sí.

Una regla importante que debes recordar: *el precio nunca es la manera de crear una experiencia asombrosa.* Probablemente el producto tampoco sea el instrumento ideal para crearla, a menos que seas la única fuente de un producto o servicio, lo que es poco probable. El momento asombroso ocurre cuando presentas el producto mostrando a los clientes cómo éste resuelve sus problemas y te preguntas cómo se sentirán al brindarles esa experiencia.

La mejor manera de aumentar tu base de clientes es darles más valor por su dinero. La reducción del precio o costo no añade valor ni resuelve problemas. Sólo reduce el costo del producto y puede llegar a *disminuir* el valor percibido. La mayoría de los vendedores piensa que el precio es una forma de lograr un mejor trato o vender más productos, pero puedo proporcionarte una infinita lista de empresas que han dejado de operar siendo los proveedores con los costos más bajos. Debido a que los márgenes son muy bajos y a la obligación de operar siempre al filo de la navaja, no se molestan en pensar en términos de asombro y no tienen la posibilidad financiera de proporcionar este tipo de experiencia. Escribe el nombre de al menos tres empresas grandes que hayan fracasado en los últimos 12 meses con el precio más bajo sin ofrecer también el componente asombroso. Algunas de estas empresas son las mismas mencionadas en el capítulo 6, las que tienen enormes presupuestos para publicidad y hacen grandes promesas sobre la satisfacción del cliente. También solían vanagloriarse de ser el proveedor con los precios más bajos, pero ahora han cerrado sus puertas y no pueden proporcionar ningún tipo de servicio.

Busca toda buena oportunidad de hacer algo extra y proporciona ese pequeño servicio adicional; eso puede ser la diferencia entre sólo satisfacer al cliente y asombrarlo. Para crear la experiencia asombrosa puedes valerte de la manera de saludar a alguien, de responder al teléfono o de ofrecerles una bebida. Cuando tenía veintitantos años, estaba vendiendo un producto muy competitivo. Me reuní con un prospecto en un día muy caluroso, de manera que le pregunté si deseaba beber algo. "Me encantaría una Diet Coke." Salí y regresé con una charola de plata en la que traía un vaso sin hielo y uno con hielo, con dos popotes, y una lata de Diet Coke. Mientras la abría para él, sonreí y pregunté: "¿Cómo le gustaría tomarla —en la lata, en un vaso o en un vaso con hielo?" El cliente me miró y dijo: "Wow. Nadie hace algo semejante. ¡Deberías estar vendiendo yates de lujo o algo así!" Cerramos el trato relativo a un producto altamente competitivo, con un margen de utilidad alto y cerré el negocio sin siquiera ofrecer un descuento. Mejor todavía: seguí vendiendo a este hombre y a su familia durante años, y todos me recomendaron con nuevos clientes. Me traían a la gente y decían a sus amigos que, sin importar lo que me pagaran, yo excedería sus expectativas. ¡Esa sí es una publicidad eficiente! Existen innumerables formas creativas de proporcionar una experiencia asombrosa, y hablo de opciones que no implican descuentos o ni siquiera requieren que el producto se venda.

Recientemente, un amigo vino a Los Ángeles para tomar unos cursos que yo le recomendé. Pensaba quedarse en el Hotel Península, sitio en que solía hospedarse. Sugerí que mejor se quedara donde se impartiría el curso. Admití que el hotel que yo recomendaba no podía competir con el Península en términos de localización, cercanía con las zonas comerciales o incluso en lo referente a las amenidades a que estaba acostumbrado mi amigo, pero le garanticé que el servicio sería mejor que el del Península y aprovecharía mejor sus estudios si se hospedaba donde yo le sugería. Me hizo caso.

Llamé al gerente del hotel y le pedí que hiciera un esfuerzo extra por hacer todo lo necesario y asombrar a mi amigo. Lo recibieron a su llegada; desempacaron su ropa, la colgaron en el armario y se aseguraron de que el personal se dirigiera a él por su nombre siempre que lo veían en el vestíbulo. ¿Cómo puede competir —o quitar la clientela— un hotelito desconocido sin localización ideal con uno de fama internacional, en un sitio excelente y con todas las amenidades? Proporcionando experiencias asombrosas a los clientes que quedan tan impresionados que lo recomiendan a otras personas. No puedes anunciar las experiencias asombrosas, sólo ofrecerlas.

La mejor protección contra los malos tiempos en los negocios es una lista de clientes asombrados, consentidos y verdaderamente satisfechos, que te asignan labores constantes porque les encanta cómo los tratas. También debes comprometerte a asombrar a los clientes de tu base de poder, te compren o no. El seguimiento, los contactos, los correos electrónicos y las visitas personales son una oportunidad para asombrar a los integrantes de tu lista. Cualquiera puede comprar un producto semejante al tuyo, y alguien siempre estará dispuesto a venderlo por menos dinero. Lo único que te mantiene por encima de la competencia es cultivar, nutrir, servir y hacer todo lo que puedas para asombrar a tus clientes actuales.

No busques satisfacer; busca asombrar. *Mientras más asombres, menos tendrás que anunciarte, ¡pues otros lo harán por ti!* Si te dan un dólar, pregúntate: "¿Cómo puedo multiplicar eso por 10 en términos de asombro?"

Ejercicio
Cómo tener un desempeño asombroso

¿Cuáles son las dos mejores maneras de conservar tus clientes?

1. _____
_____
_____

2. _____
_____
_____
_____

¿Por qué son aún más eficientes las experiencias asombrosas cuando los tiempos no están muy bien que digamos?

_____
_____
_____

Menciona tres recursos con los que puedes crear una experiencia asombrosa.

1. _____
   _____
   _____

2. _____
   _____
   _____

3. _____
   _____
   _____

(8)

La importancia del precio

El precio es siempre un tema muy delicado, especialmente en épocas de contracción económica. Se te insiste constantemente en que la gente no tiene dinero y tus "débiles" competidores bajan el precio para ajustarse a un escenario más rudo. La realidad es que hay menos dinero, la gente está asustada y se torna más selectiva en lo que a compras se refiere. Ante esto, la primera respuesta —una respuesta incorrecta— es reducir el precio. Un precio más bajo no necesariamente hará que se venda tu producto, ni bastará para sufragar la pérdida de volumen que puedes enfrentar. Y, por experiencia, puedo asegurarte que un precio menor no hará que tus clientes compren tu producto si no están completamente convencidos de su valor, emocionados por él y confiados en que el producto resolverá sus problemas y/o los hará felices.

A menos que seas Wal-Mart o The Dollar Store, cuyo modelo de negocio se construye alrededor de márgenes de utilidad muy bajos con un alto control de inventarios, la idea del precio más bajo probablemente fracasará en tu caso. Vender por medio del precio es una señal de mentalidad pobre y de poca capacitación de un individuo u organización. Como antes mencioné, muchas organizaciones que se han valido del modelo del precio más bajo han solicitado la bancarrota o cerrado sus puertas este mismo año.

Si vas a vender menos productos a causa de una economía más difícil, debes mejorar tu trabajo y determinar las necesidades de tu prospecto: hacer un gran trabajo al construir valor, para que tus clientes sientan la confianza de que tu producto resolverá su problema y así lograrás cobrar el precio necesario para seguir solvente.

Recuerda: todos saben que las cosas no están muy bien. Debes hacer ajustes para responder a esta noción, pero la reducción de precios no debe formar parte de ellos. Un precio menor podría provocar una reducción del valor para los clientes. La gente dispuesta a gastar dinero durante una recesión económica, está condicionada a creer que puede obtener un mejor trato, porque los otros no están comprando o tus competidores usan el precio (incorrectamente) para llamar la atención. Haz tus cuentas y descubrirás que esta fórmula del precio bajo con menor volumen de venta no te funcionará. Debes vender tu producto justificando el precio al agregar valor, vendiéndote a ti mismo y a tu empresa para lograr una experiencia asombrosa.

También es importante entender que quienes están listos para comprar, no sólo compararán tu producto con otro semejante de la competencia, sino tu producto con otros distintos. Al estar cada vez más preocupados por el dinero, pueden ser más selectivos respecto a lo que compran. De modo que la pregunta es en qué gastarán su dinero. Muchos vendedores y gerentes pasan por alto este asunto, pues se concentran en lo que venden sin molestarse en considerar que sus prospectos pueden tener la idea de hacer inversiones completamente independientes. Se preocupan tanto por la competencia directa que terminan pasando por alto productos y servicios no relacionados que se convierten en opciones competitivas para estos clientes más selectivos.

Un ejemplo de lo anterior podría ser el vendedor de autos tan preocupado por perder un negocio en favor de un competidor directo, que opta por dejar de añadir valor al automóvil. Hace un descuento a su precio para competir con el otro vendedor, en tanto el comprador decide invertir los 40 000 dólares en una nueva cocina para su casa, todo porque se fracasó en construir un valor real. *En los periodos de recesión, el asunto importante es determinar a dónde deciden los individuos canalizar su dinero.* Recuerda esta regla: *El dinero se gastará en lo que se percibe como valioso, no en lo más barato.* Si un prospecto no está completamente convencido de la utilidad de tu producto o servicio, esa persona comprará otra cosa con su dinero.

El asunto del valor constituye un gran malentendido. Por fortuna, el siguiente ejemplo puede aclararte las cosas. Si yo te vendó un libro en 30 dólares y tú me das 30, la realidad es que o crees que el libro vale más o no valoras tus 30 dólares. Puedes sentir que el libro vale 30 dólares, pero como no te convencieron de que vale más, puedes decidir que tu dinero estará mejor invertido en una cena para tu familia. La gente no te dará ninguna cantidad de dinero si piensa que lo que obtendrán vale *exactamente esa cantidad*. ¡Sólo te darán su dinero si piensan que lo obtenido vale mucho más!

¿Qué relación tiene esto con vender en una economía cambiante y con poder avanzar y conquistar? *Todo*. Las etapas de contracción requieren que tú aumentes el valor poniendo en práctica los siguientes pasos específicos:

- Hacer un mejor trabajo al identificar lo que el comprador quiere lograr con tu producto. ¿Qué es lo que este producto debe hacer por ti o qué debe ayudarte a lograr?
- Demuestra que el valor de tu producto es mayor que el precio que pides por él. Toma tu tiempo para construir valor creativamente y hacer que éste exceda el precio, y asegúrate de que tu prospecto tome la decisión correcta.
- Demuestra que tu producto resolverá problemas eficientemente y que tu cliente lo amará. La gente compra

por dos razones: (1) para resolver un problema; y (2) por amor y para sentirse bien. Si no sucede alguna de estas dos cosas, el precio no importará. *"En una escala del 1 al 10, ¿cómo calificarías este producto?"*

- Asegúrate de que tu propuesta está dentro de la capacidad financiera de tu cliente. Tener demasiado de un producto es la manera más rápida de forzarte a reducir el precio.
- Debes estudiar todo lo posible sobre que el precio es un mito que se aclara cada día cuando la gente decide dar su dinero a cambio de algo que desea. Revisa mi libro *Sell To Survive*, en el que hay un capítulo entero dedicado al mito del precio, a su naturaleza destructora y a cómo afecta esto a quien decide crear su propia economía. Puedes encontrarlo en www.selltosurvive. com, o puedes llamar a mi oficina, al 1-800-368-5771.

Ejercicio
La importancia del precio

El precio no te conseguirá el trato si no logras antes otras cuatro cosas. ¿Cuáles son?

1. _____

2. _____

3. _____

4. _____

¿Por qué reducir el precio puede hacer que una persona no compre tu producto?

_____

_____

_____

¿Qué significa competir con productos disímiles, y cuáles podrían ser algunos ejemplos de este tipo de competencia?

_____

_____

_____

Si te doy 100 dólares por tu producto o servicio, ¿qué gano?

_____

_____

_____

Aprende más sobre el mito del precio.
Visita www.grantcardone.com/resourses

(9)

Activa la segunda venta para aumentar las utilidades

Una manera de generar negocios adicionales es maximizar tu primera venta con agregados o segundas ventas. Aunque la segunda suele ser más fácil que la primera, 99.99 por ciento de vendedores, gerentes y empresas pierden esta oportunidad. Puedes pasar horas y horas para realizar la primera venta, pero es posible cerrar la segunda (o el agregado) en algunos minutos. Esto: (1) será más sencillo, (2) generará más utilidades; y (3) hará que tus clientes se sientan todavía más satisfechos con sus compras.

El problema es que la mayoría de los negocios y vendedores se emocionan tanto con la tan necesaria primera venta, que olvidan tomar ventaja de esta oportunidad. También es posible que no estén entrenados para hacerlo. Al tener poca capacitación creen, erróneamente, que la gente compra con base en el precio, por lo que las empresas no tratan de cerrar esta segunda venta fácil de lograr. Pero tus compradores usarán las compras subsidiarias para apoyar su primera decisión; se trata de un fenómeno que se puede verificar todos los días. Sólo visita Rodeo Drive, en Beverly Hills. Te reto a que encuentres una persona con una sola bolsa de compras en los brazos. O recuerda la última vez que fuiste a cenar y te quejaste del costo de esa entrada tan especial que ordenaste. Al recompensarte con esa entrada especial, agregaste otras cosas a tu orden. Pediste ver la carta de vinos, derrochaste en un aperitivo y hasta ordenaste un postre. Y agregaste todo esto momentos después de preocuparte por el costo de la entrada.

Nadie está exento de presentar esta tendencia profundamente humana de gastar dinero adicional una vez que las puertas (o billeteras) se han abierto. La gente parece usar estas compras secundarias para justificar la primera. Puedes usar este hábito humano para consumar la segunda venta haciendo lo siguiente: Una vez que la primera venta se concreta, y después de tomarte el tiempo para felicitar al cliente y reconocerlo por su compra, sugiere posibles añadidos a la primera compra. Hasta los prospectos sensibles que disponen de presupuestos apretados, aceptarán la segunda oferta para justificar su decisión inicial.

De nuevo, asegúrate de sugerir el servicio adicional una vez que se ha logrado el acuerdo, no antes. Por ejemplo, digamos que vendes publicidad y organizaste una campaña publicitaria para la empresa de un cliente. Una vez hecha tu presentación y la propuesta de negocio, cuando ya estén de acuerdo en el precio y los términos, habiendo atendido todos los detalles y cerrado el trato, felicita al cliente y reitera lo útil que la campaña será para él o ella. Luego sugiere que el cliente aumente el número de veces que exhibirá el anuncio o propón una conferencia de prensa además del anuncio inicial. Esta segunda venta es sencilla, añade valor a tu cliente y aumenta las utilidades de tu empresa.

Digamos que negocias muebles y acabas de vender una sala con sofá, dos sillas y una mesa para el café. Cuando hayas concretado esta venta y seguro de que al cliente le encantará, di: "¿Puedo hacer una sugerencia? Este tapete y esta lámpara hacen juego perfecto con lo que acaba de comprar y serían un gran complemento para los otros muebles. Pienso que darán aún mejor aspecto a la habitación. ¿Le gustaría agregarlos a su orden?" O, digamos que vendes ropa a un cliente que ha aceptado comprar un traje, una camisa y una corbata. Podrías decir algo como: "Felicidades. Sé que le encantarán estos artículos. ¿Podría sugerirle que también lleve este par de zapatos, una segunda corbata y estas dos camisas para que el traje luzca como nuevo todo el tiempo? Esto le permitirá tener tres mudas en lugar de una sola." Espera a que el cliente pregunte cuánto cuestan los artículos. La mayor parte del tiempo, venderás parte o todo lo sugerido en la segunda compra. Si el cliente acepta, felicitaciones: ¡acabas de cerrar otra venta sin tener que trabajar a otro cliente! Doble ganancia, como se dice en Las Vegas.

Recuerda: el dinero de la segunda operación es más fácil de obtener que el de la primera, y estas ventas subsidiarias te permiten aprovechar al máximo el tiempo y el esfuerzo invertidos. Has incrementado tus ventas sin aumentar tu número de clientes, lo que resulta muy importante cuando hay menos clientes disponibles. Esta técnica te permite incrementar el valor promedio por dólar invertido en cada proyecto en 25 a 40 por ciento o más sin un esfuerzo extra. Yo suelo buscar el modo de agregar productos o servicios a la primera venta. Es bueno para mí y para mis clientes. Tengo más trabajo y ellos obtienen un servicio más completo. ¡Pon esto en acción y te aseguro que funcionará! La meta es avanzar y conquistar, y para eso se requiere que tomes la decisión de maximizar cada oportunidad de aumentar tus ventas. No es el momento de confiar en la economía en la que vives y trabajas. Este compromiso requiere de acción y creatividad.

Ejercicio
Activar la segunda venta para aumentar las utilidades

Menciona tres beneficios de la segunda venta.

1. _____
   _____
   _____
   _____

2. _____
   _____

3. _____
   _____
   _____

¿Qué debes controlar firmemente para que la segunda venta sea exitosa?

_____
_____
_____

¿Cuáles son las tres cosas que debes hacer antes de intentar la segunda venta?

1. _____
   _____

2. _____
   _____

3. _____
   _____
   _____

Menciona algunos ejemplos de cómo puedes usar este recurso.

_____
_____
_____

10

La propuesta de valor añadido

Puede que una etapa de recesión o depresión económica no sea la más apropiada para aumentar tarifas o precios, aunque pienses que lo mereces. Es probable que debas diferir el anuncio del aumento de tu tarifa, y mantener las actuales. Es el momento ideal para hacer ofertas creativas que agreguen valor, lo que aumentará considerablemente la percepción positiva de tu producto. Obviamente, quieres ser sensible con el mercado y usarlo para demostrar este valor agregado, lo que hará que la gente quiera hacer negocios contigo.

Nota: no harás un anuncio a tus clientes y prospectos diciéndoles que "aguantarás" los precios durante la recesión porque deseas ayudarlos en tiempos difíciles. Nadie hará negocios contigo por mostrar simpatía. Lo que sí harás es agregar valor a los mismos servicios y lo harás llevando la atención a las cosas que tu producto o servicio hace. Deberás ser todavía más creativo que antes y enfatizar fuertemente cómo tú y tu empresa apoyarán, darán servicio y respaldarán sus productos, servicios y propuestas. Esto no significa que debas regalar nada ni confundirse con la estrategia de la segunda venta. Sin embargo, sí destacarás los otros servicios incluidos en tu oferta que no cuestan dinero a la empresa ni a tu cliente. Además de tu producto, ofrecerás lo que se conoce como propuestas de valor agregado, también conocidas como propuestas únicas de ventas. Una propuesta única de ventas es un beneficio real o percibido de un bien o servicio que te diferencia de la competencia y da a los compradores una razón lógica para preferir tu bien o servicio sobre los de otras marcas.

Así que, además de instalar un producto, podrías organizar reuniones para todo el personal de tu cliente y ofrecer capacitación o entrenamiento posterior a la instalación. Puedes hacer un seguimiento todavía mayor si te vales de las teleconferencias con los clientes a lo largo del año para resolver dudas y asegurarte de que están familiarizados con el nuevo producto. Aunque estas propuestas únicas de ventas pueden ser cosas que pensabas ofrecer el año anterior, debes promocionarlas ahora para que tu propuesta dé la impresión de ser única. No bajas el precio, pero endulzas tu propuesta añadiendo valor.

De acuerdo con mi experiencia, una de las principales razones por las que la gente se atasca en la toma de decisiones es una experiencia negativa en el pasado. Mientras más singular parezca tu propuesta, más éxito tendrás en superar la tendencia de la gente a dilatar una decisión.

Por ejemplo, soy dueño de edificios de departamentos y, cuando las cosas se ponen difíciles, la gente compra con más cautela. Quieren la mayor cantidad de departamento a cambio de la menor cantidad de renta. Dado que otros arrendadores también sienten la presión, comenzarán a bajar sus rentas, lo que afecta mis propiedades y mis ingresos por este rubro. No quiero que me comparen con el edificio de departamentos calle abajo para obligarme a bajar el precio. Por lo tanto, busco maneras creativas de agregar valor a mi propiedad para mantener alta la ocupación sin erosionar los ingresos. Me distingo de la competencia ofreciendo opciones únicas de valor añadido. Cuando empiezas a pensar en cómo solucionar problemas creativamente —sin bajar los precios— encontrarás grandes propuestas.

Hicimos este mismo ejercicio con una de nuestras propiedades cuando la competencia bajaba los precios. Dado que deseábamos mantener el ingreso, debíamos dar con algo que diferenciara nuestra oferta. Sabíamos, por ejemplo, que la gente ama a sus animales y muchos complejos de departamentos no permiten animales en sus instalaciones. Así que agregamos cercas a los departamentos de la planta baja para permitir que los arrendatarios tuvieran perros de cualquier tamaño. Con esta propuesta, las rentas y la ocupación de mi edificio son ahora mayores que las de mis competidores. Además, elevé el valor total de mi edificio al aumentar el flujo de efectivo. Al ser creativo y encontrar formas distintivas de agregar valor, mi producto (los departamentos) se destacó en el mercado.

Otro ejemplo. Digamos que eres dueño de un salón de belleza y quieres ofrecer algún tipo de valor añadido que haga más probable que la gente gaste dinero al cortarse el pelo contigo. Sin embargo, no quieres bajar el precio, puesto que al hacerlo sólo recordarás a la gente lo escaso que está el dinero, por lo que podrían no acudir a tu negocio. En lugar de ello, llamas a tus clientes para enterarlos de una nueva iniciativa:

"Hola. Llamo para comentarte que ahora ofrecemos vino y queso en mi salón para quienes vengan a cortarse el cabello en las siguientes dos semanas. Es muy divertido y, según nuestros registros, puede que ya quieras cortarte el cabello de nuevo. También estaremos ofreciendo masajes gratuitos de cuello y cabeza, ¡así que te invito a que vengas a relajarte con nosotros!" El costo del vino y el queso es casi nada comparado con el ingreso que generarás con esta mentalidad de valor añadido. Sólo debes llamar, traer vino y queso, invertir cinco minutos extra en dar un masaje de cabeza cuando apliques el champú a tus clientes.

No importa tu tipo de negocio: debes añadir valor y comunicar que haces las cosas de manera distinta brindando todavía más servicio y destacando el carácter único de tu propuesta. A la gente le gusta sentirse bien y recibir trato especial, y puedes estar seguro de que desean enterarse de lo que estás haciendo. Hay muchas maneras de aumentar el valor sin bajar el precio, creando así más negocios para ti y para tu empresa, incluso en un mercado en contracción. Para vender hay que construir valor, así que, para crear tu propia economía debes ser eficiente al vender. Y para hacerlo exitosamente, debes estar completamente convencido de lo que ofreces y de tu compromiso con la expansión; también debes mostrar una fiera indiferencia por la contracción económica.

Recuerda: la propuesta de valor agregado debe aumentar las utilidades sin costar a tu empresa dinero adicional. No confundas esto con la segunda venta, ni uses cualquiera de tus oportunidades para realizar una segunda venta en una propuesta de valor agregado único. Ahora más que nunca, debes promoverte y mostrar emoción por tus productos y servicios, de modo que agregues valor a cada aspecto haciéndolo único en el mercado.

Ejercicio
La propuesta de valor añadido

Menciona cosas obvias que puedes incluir con tu producto o servicio, y que constituyan una propuesta de valor añadido no promocionado adecuadamente.

_____

_____

Escribe dos ejemplos de empresas o individuos que usen propuestas de valor añadido en sus ofertas.

1. _____

_____

2. _____

_____

Ahora escribe tres formas de crear una propuesta de valor añadido sin reducir el precio.

1. _____
   _____
   _____

2. _____
   _____
   _____

3. _____
   _____
   _____

Mejora tu propuesta de valor agregado y aumenta las ventas.
Visita www.grantcardone.com/resources

11

Actúa como si estuvieras hambriento

Ahora es el momento de que tus clientes sepan que estás hambriento. No es de actuar como si no necesitaras de su negocio. Existe un viejo dicho que recomienda a la gente "fingir hasta lograrlo". ¡Bueno, eso no aplica aquí! Más bien, quieres "actuar como si estuvieras hambriento para asegurarte de no terminar con hambre".

A nadie le gusta la gente que se comporta como si fuera mejor que los demás, o tan importante que no necesita tu negocio. Todos aprecian a alguien que hace un esfuerzo extra y en verdad demuestra a los demás que quiere, necesita y valora el negocio que ellos representan. Nunca crearás una economía poderosa, solvente, próspera y abundante con una actitud arrogante. Más te vale estar bien preparado cuando las economías empiecen a estrecharse; la gente que busca razones para no hacer negocios contigo no tolerará ninguna egolatría. En casi todos los seminarios que conduzco, alguien me dice: "Me temo que puedo parecer débil si actúo como si necesitara demasiado el negocio." Mi respuesta es siempre la misma: "¡El mayor error que puedes cometer es actuar como si *no* estuvieras hambriento por el negocio!" *No puedes cometer errores en estos tiempos. Deja que tus competidores actúen como si no necesitaran el negocio, mientras tú dejas bien claro que sí lo deseas.*

Afrontémoslo: necesitas a los clientes más de lo que ellos te necesitan en *cualquier* economía, y nada significa que fuiste el mejor en el pasado. Sé de empresas, ejecutivos e individuos que siguen actuando como si fueran los líderes de su industria porque solían ser los número uno en su mercado, siendo que sus ventas han caído 40 por ciento. Ser el número uno no paga las cuentas y tu posición depende de tu rentabilidad. Lo hecho el año pasado nada quiere decir en el mercado de hoy. La historia está repleta de empresas que fueron las número uno en su campo y ahora sólo existen en las páginas de los libros. Sears y Kmart son dos ejemplos perfectos de este tipo de empresas. Ambas dominaron su sector en alguna época, pero su arrogancia les costó la posición y ahora luchan en el mercado.

La primera meta en una economía que se reduce es evitar las ventas perdidas y encontrar formas creativas para lograrlo. No hay tiempo para alardear sobre tu posición o discutir la fortuna o éxito de ayer. Invierte todo tu tiempo, energía, creatividad y recursos en avanzar hacia tus metas y adelantarte tanto al grupo principal que terminarás quedándote con su negocio. El mundo real de los negocios es uno de los campos de batalla más brutales del mundo; no tolerará el engreimiento ni a las personas que viven en el pasado. A los clientes no les importan tus excusas, razones, tiempos, calificaciones, ni la posición de mercado que tuviste en el pasado; ellos sólo valoran los resultados. Si quieres crear tu propia economía, debes saber a qué te enfrentas. La única manera de impresionar al mercado es ganar participación avanzando de frente. Entonces sí, el mercado te brindará todo su oro y sus tesoros.

Es fácil actuar como si fueras invencible cuando las cosas marchan bien, tus productos y servicios tienen demanda y tienes mucho más trabajo del que puedes manejar. Sin embargo, ésta no es una opción atractiva. Sacúdete la arrogancia y comienza actuar como si tuvieras hambre. Actuar con hambre significa que eres agresivamente ambicioso o competitivo. Tal vez esto provenga de una necesidad de salir de la pobreza o derrotas pasadas o de tu enorme deseo de tener éxito. Sin importar tu posición en la vida, si quieres permanecer en la cima debes estar dispuesto a lo que sea para obtener más negocios, ya sea en los buenos o en los malos tiempos.

Necesitas demostrar gran aprecio y gratitud por cada oportunidad que se te presenta. Debes estar dispuesto a todo —hasta pararte de cabeza, si es necesario— para que la gente se entere de que harás lo que sea por conseguir su negocio. No permitas que los éxitos de ayer te den una falsa sensación de seguridad, haciéndote sentir como si no necesitaras los éxitos de hoy y de mañana. *Tu atención debe estar en el futuro, para así crearlo.* Y *debes* hacer ahora las cosas que no hiciste antes de la contracción económica.

Si tu mercado se ha reducido 40 por ciento y sigues operando con la misma energía, esfuerzo y acciones que antes del retroceso, te moverás hacia atrás porque tus esfuerzos no se han adecuado a la reducción de operaciones. Tu falta de esfuerzo puede deberse a una falta de atención, a un exceso de arrogancia o a una combinación de ambas. Así que despierta y haz los ajustes necesarios para adaptar tu negocio a las nuevas realidades económicas. Es indispensable que: (1) hagas el ajuste mental de que las cosas son distintas y debes comenzar a actuar en consecuencia; y (2) aumenta tu actividad. No porque hayas ganado el Súper Tazón el año pasado vas a pasarla tan campante el año que viene. Como cualquier marinero sabe, "los vientos de ayer no llenarán las velas de mañana".

Siempre, siempre, siempre demuestra tu hambre y deseo de crecer tu negocio, dejando bien claro con tu servicio que te interesas por los clientes todos los días. Sigue sin parar y haz lo que sea (siendo ético y profesional, por supuesto) para llevarte el negocio que alguien representa, sobre todo cuando las cosas se ponen difíciles. Sé útil, cortés, accesible, humilde y, ahora más que nunca, debes estar dispuesto a hacer un esfuerzo extraordinario. Sobrepasa todas y cada una de las expectativas, actúa como si en verdad estuvieras deseoso de obtener el negocio de la gente y haz lo que sea necesario para lograrlo.

Ajusta tus acciones para adaptarse a la realidad de la situación. Asegúrate de que los clientes potenciales sepan lo mucho que quieres su negocio. La actitud que parece decir "ellos me necesitan más que yo a ellos", siempre fracasa. Trata a tus clientes como si fueran más valiosos que tú o tu empresa porque lo *son*. Si brindas a tus clientes razones genuinas para agradarles, si demuestras que estás dispuesto a hacer cualquier cosa por ellos, si eres útil de continuo y si *nunca* te das por vencido, ellos querrán hacer negocios contigo, sea cual sea tu actividad.

Siempre que alguien me atiende con ese deseo hambriento de hacer cualquier cosa humanamente posible para quedarse con mi negocio, encuentro muy buenas razones para apoyarlo. Me quedo como cliente de esa persona siempre y cuando siempre demuestre ese tipo de actitud hambrienta. Y no creo ser el único que actúa así. A la mayoría de la gente le gusta que la atiendan y están ansiosos por ser tratados así debido a que falta esta manera de hacer las cosas en nuestra cultura. La gente se pregunta por qué fracasan sus negocios en un país con incontables ciudadanos que apenas subsisten financieramente, están sujetos a los vaivenes de la economía, son dependientes del crédito para pagar sus cuentas y esclavos de la economía de otros.

Si quieres expandirte, conquistar y crear una economía personal que te permita tener libertad y control, asegúrate de que todos sepan cuán hambriento estás por su negocio. Actúa como si tu vida dependiera de cada transacción, en todo momento del día. Y si tienes que decir a alguien que en verdad quieres su negocio, bueno, ¡entonces probablemente ya estás actuando como si estuvieras suficientemente hambriento!

Ejercicio
Actúa como si estuvieras hambriento

Menciona alguna ocasión en que hiciste negocio con alguien que actuaba como si no necesitara venderte y comenta cómo te sentiste.

_____
_____
_____

Da dos ejemplos de ocasiones en que alguien hizo circo, maroma y teatro para quedarse con tu negocio.

1. _____
_____
_____

2. _____
_____
_____

Escribe tres maneras de demostrar que estás hambriento y dispuesto a todo para quedarte con los clientes potenciales.

1. _____
_____
_____

2. _____
_____
_____

3. _____
_____
_____

Convierte tu hambre en un CIERRE de venta.
Visita www.grantcardone.com/resourses

12

Expande el perfil del cliente aceptable

La mayoría de la gente con la que trabajo tiene guías, mentales o escritas para determinar qué cliente es deseable y cuál no. Tal vez ni siquiera estés consciente de estos parámetros, pero tienen un impacto negativo cuando las cosas se ponen difíciles. Una economía deprimida o una baja en el negocio personal, requiere que te liberes de cualquier restricción que determine a tu cliente "ideal" o preferido. No son épocas en que se pueda ser selectivo con los clientes; quizá debas romper algunas de tus reglas previas en el sentido de con quién quieres hacer negocios.

Por ejemplo, digamos que, normalmente, sólo te interesa hacer negocios con las empresas que aparecen en la lista de las 500 más importantes, según la revista Fortune. Puede que debas reconsiderar y buscar el negocio de empresas más pequeñas, adoptar un plan de juego que te asegure el avance y la conquista cuando las cosas se ponen duras. Quizá lo que hiciste antes te funcionó en el pasado, pero probablemente no sea relevante hoy o mañana. Por eso debes estar dispuesto a abrir tu base de clientes para compensar cualquier problema con tu lista actual. Si el perfil de tu cliente típico ha disminuido, o si los clientes han recortado presupuestos, te verás forzado a buscar en cualquier lugar en que pueda darse el negocio.

Cuando las condiciones económicas cambian, todas las consideraciones y acciones previas deben modificarse. El otro día, hice un viaje de seis horas para hacer una presentación ante ocho personas, algo que no me hubiera resultado práctico hace un año. Ya se sabrá si valió la pena o no, pero cuando la situación lo exige, inmediatamente me libero de cualquier restricción. Necesito estar frente a más clientes y sé que debo esforzarme más para equilibrar las cosas.

Ha llegado el momento de cambiar las decisiones pasadas para lograr el objetivo de avanzar y conquistar. No es momento para aferrarse a cualquier creencia del pasado que evite tu avance.

Digamos, por ejemplo, que estás en una firma de contabilidad que tradicionalmente sólo trabaja reportes anuales. Puede que ahora debas considerar la posibilidad de hacerlos trimestrales —sin tu acuerdo anual normal— para generar el muy necesario retorno. Tal vez optes por ampliar el perfil de tus clientes para dar servicio a empresas más pequeñas. Esto no significa que tires tus estándares por la ventana para trabajar con cualquiera que llame; simplemente estás reajustando tus criterios de aceptabilidad de modo temporal para dar servicio a un rango más amplio de prospectos y proyectos.

¿Qué tan lejos debes llevar esto? Depende de ti. Si, por ejemplo, normalmente tienes una tarifa por proyecto de 1 000 dólares, podrías aceptar trabajos de 500, pero no necesariamente de 50 dólares. Si lo piensas, ya hay varias cosas que posiblemente estás haciendo gratis todos los días. En tanto la presentación inicial antes de ganar el negocio de alguien te *cuesta* dinero, suele ser gratis para el cliente potencial y no es seguro que te quedes con el negocio. Yo siempre permanezco abierto a nuevas relaciones, estableciendo así contactos que algún día podrían convertirse en clientes regulares.

Así que ponte a trabajar en serio durante las contracciones económicas. Ajusta tu forma de pensar a la de la gente con la que estás dispuesto a trabajar y a tu manera de conducir el negocio.

Puede que ni siquiera estés consciente de las cosas que te impiden avanzar, así que investiga a fondo. Pregúntate por qué no haces negocios fuera de determinada zona postal, o con clientes de determinado tamaño o grupo. Empieza a buscar nuevos clientes y mercados y gasta tu energía y recursos en determinar dónde conseguirlos. Tal vez encuentres algún acuerdo o consideración oculta que te impida atender a ese sector, o que simplemente lo descuidaste por falta de tiempo.

Olvídate del ayer y pon toda tu atención en lo que harás para crear un nuevo mañana. Reconsiderar tu lista de clientes potenciales debe ser parte de tu operación en todo momento, pero es mucho más importante ahora. Recuerda que debes estar hambriento y a nadie le gusta la arrogancia. Necesitas clientes, relaciones, flujo de negocios, acción, nuevas relaciones y nuevos negocios. Necesitas ajustarte para equilibrar cualquier pérdida de oportunidades y ganancias debida a las estrecheces del mercado. Estas nuevas consideraciones —y tu disposición a trabajar con un rango más amplio de personas— pueden hacer que encuentres oportunidades nunca antes imaginadas, expandiendo tu base de poder y detectando clientes y ventas que pudiste pasar por alto en tiempos más prósperos.

Ejercicio
Expande el perfil del cliente aceptable

¿Por qué querrías retirar las restricciones sobre personas con quienes estás dispuesto a hacer negocios durante las contracciones económicas?

_____

_____

_____

Haz una lista de clientes con los que has preferido no trabajar en el pasado, debido a acuerdos explícitos o implícitos.

_____

_____

_____

Haz una lista de clientes con quienes estás dispuesto a trabajar ahora para poner en práctica los nuevos lineamientos.

_____

_____

_____

Campañas de mercadeo eficientes

Una de las primeras cosas que los individuos y las empresas hacen durante las épocas de contracción económica es reducir el presupuesto de publicidad y mercadotecnia. *Gran* error. Ahora es el momento de afianzar tu negocio en el mercado con planes de bajo costo que dejarán saber al mundo quién eres, qué haces y qué ofreces. A pesar de tu tendencia a ahorrar dinero de cualquier forma posible, ahora no es momento para replegarse. Deja que tus competidores se contraigan al punto de ya no existir mientras tú colocas tu apuesta.

Es especialmente importante que tus clientes —y los clientes potenciales— te tengan en mente. En tanto este acto de avance y conquista parece contrario a la razón y a todas las malas noticias, la realidad es que debes hacer mercadotecnia efectiva y agresiva para ti y tu negocio, si es que quieres sobrevivir, prosperar y quitar participación de mercado a tus competidores.

Obviamente, no deseas destinar dinero a estrategias que no funcionan. Cuando las cosas se ponen lentas, debes aumentar el tiempo que inviertes en el mercadeo y en la búsqueda de nuevos negocios. Por lo regular, se obtienen las mejores tarifas de publicidad y las mejores campañas de mercadeo durante las contracciones económicas, pues casi todo mundo se anuncia menos. Además de los recursos tradicionales, investiga y emplea formas creativas para que tu organización sea más ampliamente reconocida en los círculos y comunidades en que vendes. Por ejemplo, si normalmente dedicas 10 por ciento de tu tiempo y energía a la mercadotecnia y a la búsqueda de prospectos comerciales cuando las cosas marchan bien, puedes aumentar hasta llegar a 50 por ciento del tiempo y esfuerzo cuando las cosas no están tan bien como antes.

Como ya discutimos, un negocio calmo requiere un esfuerzo extra para atraer clientes, dar seguimiento, permanecer en contacto y extender tu base de poder. Puedes lograrlo por medio de la publicidad tradicional, pero también poner en práctica algunas actividades que no te costarán dinero: llamadas telefónicas, visitas personales, correo, correo electrónico, volantes, trabajo en las redes sociales de internet, actividades de la iglesia, boletines informativos, seminarios, resúmenes, boletines de "buenas noticias", videos instructivos, involucramiento en asuntos de la comunidad, escribir en revistas, hablar en lugares públicos o para comunidades cerradas como los rotarios, ser entrenador en el equipo infantil de tu hijo y demás. ¡La mayoría de estos métodos, si no es que todos, son bastante originales, invitan a la buena voluntad, te hacen más conocido y nada cuestan, a no ser por tiempo y energía!

La segunda parte de esta aproximación indica que, hagas lo que hagas, debes aferrarte a ello. Tu acción debe ser consistente y agresiva durante cada día, semana, mes, y a lo largo del año entero. Debes comprometerte con un programa de mercadeo para todo el año —no sólo cuando necesites más negocios— para lograr que cualquiera de estas iniciativas funcionen. No importa si se trata de mercadeo tradicional o de alguna de las estrategias recién mencionadas, asegúrate de ser consistente y aférrate a tu estrategia, pues *todas* las de mercadotecnia requieren tiempo para dar sus frutos. Cuando estés planeando una campaña de relaciones públicas o publicitaria, investiga cuánto te costaría echarla a andar durante un año, no durante una semana o un mes. Esta técnica asegura un flujo constante de contactos comerciales en el futuro, pero no resultados inmediatos. La promoción que realices hoy echa a andar un ciclo de ventas que dará resultados seis meses más tarde.

También es muy importante que esta campaña mejore tu reputación en la comunidad o en los círculos que necesitan tu producto. Además, estar ahí afuera haciendo algo por tu negocio —en lugar de sentarte ocioso en tu escritorio, esperando a que las cosas cambien— te dará más confianza.

Los tipos de mercadotecnia que funcionan mejor en economías en contracción —y en todas las economías— están integrados por mercadeo directo, orientado a los resultados (anuncios impresos de respuesta directa, cartas comerciales, ofertas especiales, cartas con el porte pagado), combinado con técnicas publicitarias de bajo costo o de costo cero que aumentan la visibilidad (comunicados de prensa, artículos, discursos, folletos seminarios, boletines, entrevistas de radio y televisión). Por ejemplo, mi empresa ofrece seminarios gratuitos. Hago unos 25 al año para presentar a la gente mi empresa, ideas, productos y servicios, de modo que pueda seguir expandiendo mis posibilidades. Sí: hay que invertir tiempo y esfuerzo, pero no hacerlo pone en riesgo el futuro de la empresa. No pienses en el mercadeo como algo que sólo te cuesta dinero, pues muchos esfuerzos no requieren de presupuesto, únicamente de tu energía. Por ejemplo, en el curso de una semana, realicé personalmente 15 entrevistas de radio, me reuní con un grupo de hombres de negocios que estaban a tres horas de mi oficina, tuve dos conferencias gratuitas ofrecidas después de los seminarios, mandé unos 50 libros dedicados personalmente a dueños de negocios de todo el país y escribí y envié una combinación de boletín de novedades con video y correo electrónico a todos los contactos de mi base de datos.

Aborda cada aspecto de tu plataforma de mercadeo con acción masiva y energía. "Masivo" es definido por el diccionario como "grande en comparación con lo típico". Mi definición personal es "la cantidad de acción que creará nuevos problemas para ti y para tu empresa".

Sí, leíste bien. Tú quieres crear nuevos problemas. La mayoría de la gente se espanta con esta idea; de hecho, casi siempre evitan problemas para terminar con las mismas situaciones aburridas que han tenido durante años. La gente no avanza y conquista si no actúa y da seguimiento suficiente con más acción masiva. En esos casos, terminan con los mismos problemas aburridos y familiares en lugar de conseguir problemas positivos y aventureros. Lo masivo es crítico para lograr que tus esfuerzos de mercadeo sean efectivos.

Nunca trates de sustituir los esfuerzos de mercadeo de labor intensiva con anuncios pagados. Y nunca asumas que sólo porque no eres dueño de una empresa no necesitarás anunciarte a ti mismo. La meta es avanzar y conquistar, no sólo estar presente en cualquier vicisitud que la economía presente. Aumenta tu responsabilidad al cambiar tus condiciones haciendo más mercadotecnia para ti, independientemente de la empresa.

Una de las razones por las que la gente se torna tan insegura cuando el desempleo aumenta en épocas de crisis, es que se dan cuenta de que están en riesgo. Debes aprender a promoverte agresiva y efectivamente, o experimentarás descensos en tu negocio, incluso en condiciones económicas propicias. Hoy, los vendedores y empleados malinterpretan las cosas al pensar que la empresa debe hacer la publicidad y la mercadotecnia mientras que ellos se dedican a recoger sus cheques de pago. Este tipo de pensamiento hace que el individuo sea más dependiente de la empresa, afectándolo cualquier cosa que perjudique al negocio. Esa persona, en última instancia, se convierte en un esclavo que no controla su propia economía. Los individuos deben comportarse y ser tratados como si fueran un negocio dentro del negocio, para así crear sus propias economías que funcionan porque tienen su propia producción.

Sin importar cuál sea tu posición, debes mercadearte como individuo de modo eficiente para hacerte más valioso ante tu empresa, sus clientes y ante el mercado. Quieres volverte invulnerable en las crisis económicas. Cuando los mercados se contraen, también se estrechan los puestos de trabajo, y los que parecen menos valiosos para las empresas se van primero. Hasta los trabajadores buenos y leales pierden el empleo durante tiempos difíciles, no porque no realizaran un buen trabajo o no ser fieles a la organización. Normalmente pierden el empleo por no haber hecho un buen trabajo de mercadeo de sí mismos para convencer a los demás de que son demasiado valiosos para dejarlos ir. Así que asegúrate de presentarte como uno de los miembros irremplazables de tu compañía. Aumenta el valor de tu negocio, de sus clientes y del mercado y nunca perderás tu trabajo, sin importar qué tan importantes llegan a ser los problemas económicos.

Ciertamente, no es mi intención ofender a nadie respecto a este tema tan sensible. Sin embargo, cuando escucho que alguien ha perdido su trabajo de 20 años en una empresa que no cerró sus puertas, bueno, esa persona debe darse cuenta de que alguien decidió dejarlo ir en lugar de dejar ir a otro. En mi primer trabajo, cuando acababa de salir de la universidad, la gerencia pretendió echarme en al menos seis ocasiones porque —como bien elocuentemente afirmaron— "Grant es difícil de manejar y causa problemas". Sin embargo, en cada ocasión, los directivos cambiaron la decisión de la gerencia porque yo estaba haciendo un muy buen trabajo de mercadotecnia con mis clientes y vendiendo los productos de la empresa. A los directivos no les interesaba arriesgarse a perder las relaciones o los negocios que yo había generado. En una ocasión, corrieron a mi gerente porque la organización consideró que yo era más valioso que él. En retrospectiva, acepto que fui innecesariamente difícil de manejar, pero mi productividad era tan alta comparada con la de los demás, que me hizo casi invencible. (Agregué el "casi" para fingir alguna humildad.) Nada te dará más protección que la capacidad de generar utilidades: algo que se logra actuando masivamente, mercadeando con eficiencia, dando la cara a los clientes y… ¡logrando que se hagan las cosas!

A menos de que tu familia sea dueña del negocio (y a veces incluso así), la única manera de asegurar tu propio éxito es producir más que los demás. El futuro de tu carrera nunca debe depender de un gerente, de la empresa o de la economía, sino de tu habilidad para acceder al mercado, promoverte eficientemente, establecer y cultivar relaciones, informar a la gente quién eres y qué haces para luego convertir esos contactos en contratos. Hazlo y nunca te encontrarás sin trabajo o dinero. Avanzarás y conquistarás en consecuencia. Recuerda: la mercadotecnia efectiva es mucho más que gastar dinero en publicidad. Es un asunto de invertir energía para darte a conocer y hacerte valioso en el mercado.

Ejercicio
Campañas de mercadeo eficientes

¿Por qué es un error común reducir la publicidad y el mercadeo durante las contracciones económicas?

_____

_____

¿Cómo se relacionan contigo la mercadotecnia y la publicidad, sin importar cuál sea tu posición?

_____

_____

_____

Menciona algunas formas tradicionales para promoverte a ti mismo y a tu empresa en el mercado.

_____

_____

_____

Menciona algunas ideas más creativas y menos tradicionales para promoverte a ti mismo, con base en la inversión de energía y no de dinero.

_____

_____

_____

Aprende nuevas formas de promoverte.
Visita www.grantcardone.com/resourses

14

Rediseñar para obtener mayores utilidades

Cuando haces negocios a gran velocidad, se pierden oportunidades increíblemente obvias durante los tiempos económicos difíciles o altamente competitivos. Cuando los presupuestos se estrechan, algunas empresas y/o individuos no disponen ya de los recursos para comprar tus productos como los presentas o tal vez el tamaño de la empresa ya no justifica la compra. También es posible que, aunque pudieran comprarlos la histeria que acompaña a las contracciones económicas los lleve a no querer gastar dinero. Dado que ahora son mucho más selectivos con sus adquisiciones, es difícil que compren tu oferta a menos que puedas rediseñarla, "reempacarla" para adaptarse a los nuevos parámetros financieros.

Hay dos cosas en que la gente no confía y se exageran durante las contracciones: (1) la habilidad de tomar buenas decisiones; y (2) la habilidad de crear más dinero. Si no puedes manejar todos los temores e inseguridades de tu comprador, vale la pena pensar en cómo reempacar tu mercancía cuando las cosas no sean tan dinámicas. Esto te permite dar servicio a clientes más chicos con presupuestos reducidos e incrementar tu propuesta de valor.

Por ejemplo, cuando los competidores empiezan a moverse en mi territorio o tiene lugar una baja en la actividad económica, inmediatamente reviso mi línea de producción en busca de formas de reempacar y acomodar proactivamente el cambio en la manera de pensar y en los presupuestos de la gente. A pesar de las nuevas limitaciones en los recursos de mis clientes, quiero expresar que para ellos aún tiene sentido hacer negocios conmigo. Avanza y conquista, no te retires y contraigas. Encuentra formas creativas para fluir con los cambios del mercado. Por ejemplo, puedo reordenar un producto de 500 dólares para convertirlo en diez compras de 50, o reempacar el plan de pagos y permitir tres de 170 cada uno. Cuando te comprometes a presentar tus productos a la gente, mantener tu base de clientes, progresar y lograr que la gente se conecte con lo que haces, *llegarás* a encontrar soluciones innovadoras. No dejes de crear, de moverte hacia adelante y mantén los ojos bien abiertos en busca de todo tipo de soluciones. Es probable que tu competencia te ceda mercado si eres más astuto que ellos.

Otro ejemplo: mi empresa maneja una escuela en Orlando; los clientes envían a sus equipos gerenciales a ese lugar para recibir cuatro días de entrenamiento. Cuando busco maneras de reempacar nuestros productos, pienso en los clientes a los que puede inquietarles el costo del transporte aéreo y del hospedaje. Antes siquiera de que los clientes expresen esa preocupación, ya consideré cómo manejar las posibles objeciones. En este caso, se nos pidió que promoviéramos nuestra escuela para aprovecharla como introducción a nuestro seminario y otros productos. Sólo aumentamos los precios de los seminarios y en ellos incluimos el costo de la escuela, los vuelos y el hotel. Recuerda que no es cierto que en las épocas difíciles la gente gaste su dinero en la opción más económica, sino que es mucho más cuidadosa respecto de las soluciones en que invierte. Esta forma de reordenar nuestra oferta o de reempacarla, presentó nuestra escuela a un grupo de personas que, de otro modo, no habría asistido. Estos asistentes regresan a sus empresas y recomiendan nuestro programa a otros miembros de su organización, por lo que solemos experimentar un aumento de las transacciones mientras otros están llorando.

Entonces presentamos nuestro producto de modo que resuelva todos los temas de costos que pudieran ocurrírsele a los clientes, y no sólo eso, procuramos ofrecerles soluciones superiores y valor agregado. Nos hemos dado cuenta de que, en épocas de contracción económica, los clientes son mucho más selectivos al invertir los recursos ante una nueva realidad económica. Este deseo de solventar esas preocupaciones presupuestarias de nuestros clientes, nos llevó a diseñar un producto increíble, revolucionario, que nunca jamás se había utilizado antes para capacitar con tecnología virtual (se puede encontrar en www.virtualsalestraining.com). Esta nueva herramienta virtual e interactiva, nacida del compromiso creativo de resolver las preocupaciones financieras de los clientes, permite a los actuales y a los nuevos tener acceso a mí 24 horas al día, siete días a la semana. Con sólo presionar un botón puedo dirigir juntas de ventas diarias para la empresa, brindarle capacitación completa, darle certificación, rendir cuentas a la gerencia y, literalmente, ser un entrenador personal para cada vendedor y gerente de la organización, sin importar lo grande que ésta sea.. Y puedo hacer eso sin que nadie gaste en aviones y hoteles o, más importante aún, sin perder ningún cliente. En cuanto presentamos nuestro programa virtual, tuvo un gran éxito en el mercado, con resultados increíbles. No sólo reactivamos a nuestros clientes con una nueva oferta de productos, sino que desde entonces hemos conseguido clientes que nunca antes pudimos atraer.

Este programa no remplaza a nuestra escuela ni a las reuniones, es un suplemento para nuestros productos principales y hasta lleva más gente a nuestras escuelas, seminarios y demás actividades. Todo lo que el cliente requiere para aprovechar esta iniciativa es una computadora. Los clientes pueden entrenar a su equipo para afrontar toda situación de ventas, así como también obtener consejo de expertos para aumentar la producción, todo ello en tiempo real y a la hora que los clientes elijan. Organizaciones comerciales enteras están en línea usando nuestra tecnología

Quick Close, la que me permite asistirlos en el cierre de un trato mientras están inmersos en la transacción. El usuario identifica un problema y yo aparezco en su computadora y aconsejo sobre cómo manejaría yo una situación semejante. Se trata de una sesión de entrenamiento virtualmente en vivo: ¡y no se necesita pase de abordar!

¡El problema que el cliente enfrenta durante la contracción económica para encontrar una capacitación que se ajustara a su presupuesto nos obligó a buscar nuevas soluciones y a crear una línea de producto completamente nueva! El acto de reempacar nuestro producto nos llevó a crear una línea revolucionaria, que no sólo incrementó nuestro negocio sino que, literalmente, está cambiando la forma de entrenar, motivar y mejorar el desempeño de las ventas. Sin el dilema que la contracción nos presentó, pudimos dormirnos en nuestros laureles sin imaginar siquiera el diseño de este producto. Recuerda: reempacar para resolver problemas no sólo logró satisfacer a nuestros clientes ya existentes, nos permitió atraer nuevos y energizar de nuevo a la empresa en un tiempo en que la energía lo es todo.

Digamos, por ejemplo, que vendes publicidad y tienes un cliente que ahora no puede costear un paquete de correo directo que cuesta 5 000 dólares. Sin embargo, sí puede pagarte 500 para que revises el paquete que él mismo diseña. O tal vez seas un consultor con un cliente que ya no puede justificar el gasto de 100 dólares por hora de tus servicios. Puedes diseñar una oferta alternativa que brinde a tu cliente teleconferencias y/o videoconferencias. Tal vez sea el momento de que el equipo de tu cliente trabaje en un boletín de novedades para los clientes. Quizá haya llegado el momento de escribir tu primer libro, un proyecto que has querido emprender durante años. Incluso si el libro no llega a las librerías, puedes hacerlo llegar a tus clientes para mostrarles que sigues en el juego y te expandes. Si las restricciones monetarias impiden que tu cliente gaste dinero contigo ahora, el rediseño de tu producto te puede mantener en contacto con él, dándole razones para seguir siendo tu cliente; y en cuanto des con la solución correcta, tendrás la tan necesaria utilidad.

Los que trabajan por su parte, los consultores y demás proveedores pueden rediseñar sus servicios de muchas maneras: consultas por hora o por teléfono, supervisiones, boletines, reportes especiales, folletos, cintas de audio, instructivos, libros, seminarios, blogs, columnas de consejos, planes de pago u órdenes mínimas. Por ejemplo, el gigante de los automóviles, General Motors, está introduciendo ahora la garantía de devolución del dinero hasta en 60 días posteriores a la compra, algo que la empresa nunca antes consideró. La meta es eliminar el miedo a decidir o a perder del cliente, para atraer más compradores. Los que han visto caer las ventas de su producto principal, pueden enfocarse en dar servicios a los productos ya vendidos. Las ventas de servicio suelen aumentar cuando la venta general disminuye durante los tiempos económicos difíciles, puesto que la gente piensa que es más sensato arreglar o mejorar lo que se tiene que remplazarlo.

Estos productos o servicios alternativos reensamblados pueden ofrecer una solución no tan completa como las anteriores. No debes verlos como un compromiso, sino como una forma de seguir ajustándote a lo que tus clientes requieren. De nuevo, la arrogancia no tiene lugar en los periodos de contracción; el mercado cambia y debes cambiar junto con él. Si no ofreces una versión ajustada de tu mercancía, puedes perder clientes con algún competidor dispuesto a hacerlo. Si no lo ofreces tú, probablemente lo ofrecerá otro. Si esto sucede, habrás puesto todo en peligro por rehusarte a ser flexible en las fluctuaciones económicas.

Otra opción es encontrar clientes nuevos, más pequeños, que pudieran interesarse en tus productos rediseñados, lo que es mucho mejor que perder los negocios por entero. Cuando las grandes empresas no realizan órdenes importantes a precios altos, vender estas alternativas a un segmento del mercado menos rico o que se fija más en el presupuesto, puede llevar una buena cantidad de dólares extra a tus bolsillos, manteniendo el muy necesario flujo de caja y haciéndote visible. Date cuenta de que el rediseño de tu oferta no siempre es igual a una reducción en ventas. De hecho, una de nuestras líneas de producto duplicó sus ventas netas porque la rediseñamos para incluir servicios que nos costaban muy poco. No obstante, esto duplicó la propuesta de valor y la eficacia del producto al cerrar las ventas, en un momento en que nuestra oferta la pasaba muy mal.

Una vez que ya reempacaste, quizá descubras líneas de producto frescas y emocionantes, lo que te permitirá contar una historia diferente a tu cliente. Esta emoción es muy importante para prosperar en cualquier clima económico, especialmente durante las contracciones. Tómate tu tiempo para reempacar creativamente. Te aseguro que esto te llevará a pensar en nuevos productos, soluciones y oportunidades que no habrías descubierto de otra forma.

Ejercicio
Rediseñar para obtener mayores utilidades

¿Cuáles son las dos cosas en que la gente no confía y se exageran durante las contracciones?

1. _____

_____

_____

2. _____

_____

_____

¿Cuáles son las dos situaciones del cliente que se atienden reempacando o rediseñando la oferta?

1. _____
   _____
   _____

2. _____
   _____
   _____

Menciona cinco formas de reempacar tus productos o servicios.

1. _____
   _____

2. _____
   _____
   _____

3. _____
   _____
   _____

4. _____
   _____
   _____

5. _____
   _____
   _____

15

La Agenda de Poder
para avanzar y conquistar

Durante los tiempos de lentitud económica, es de crítica importancia mantener una agenda muy ocupada y atenderla con disciplina —lo que yo llamo Agenda de Poder— para que tú y tu empresa permanezcan concentrados y productivos. Es muy fácil ser inmovilizado por las malas noticias y descubrirte sin hacer nada excepto preocuparte, asustarte y ser improductivo. Cuando las cosas se complican debes ser más —no menos— disciplinado, estructurado y constructivo con tu tiempo. *Cualquier producción, emisión, esfuerzo o acción realizada en cantidad suficiente y con regularidad, es mejor que no producir y te dará resultados.* No pienses en una economía como si sólo se tratara de dinero. Piensa en todos los elementos que la componen: bienes, servicios, buena voluntad, clientes, recursos, equipo, actividad, contacto y todos los esfuerzos de producción. La palabra producción viene de la palabra "producir", que significa hacer que las cosas existan o sucedan. También componer, crear o generar por medio del esfuerzo intelectual o físico. Si quieres que algo exista, debes combinar el tiempo con las acciones para producir la economía que deseas. Considera esta sencilla fórmula:

Tiempo x acciones = Medida de avance

Tu avance sólo está limitado por la cantidad de tiempo y de acción que inviertes. Buena parte —si no es que la mayoría— del mundo se rehúsa a gastar tiempo en actividades que no paguen de inmediato; yo prefiero ser productivo sin que me paguen a no producir y no ser pagado. En otras palabras, prefiero hacer algo gratis a hacer nada. Aunque muchos no estarán de acuerdo con esta perspectiva, puedo asegurarte que, tarde o temprano, la persona productiva recibirá su pago de algún modo, lo que no sucederá con las personas ineficientes. Para decirlo con otras palabras: *La persona que mueve el bate voluntariamente tiene más probabilidades de éxito que la persona que se niega a batear.* Cualquier esfuerzo —hasta los peor ejecutados— te harán avanzar y conquistar, especialmente si dicho esfuerzo es regular y seguido de acciones. Durante un periodo de contracción económica, es muy importante hacer el compromiso disciplinado de usar tu tiempo y energía. Mucha gente carece del componente que permite avanzar en su agenda diaria. Si quieres moverte hacia delante, tienes mucho qué hacer y de manera consistente.

Hazte a la idea de que cualquier acción es mejor que ninguna y de que, mientras más actúes, más solvente será tu economía. Llena entonces tu agenda con esfuerzos productivos. Debes aumentar tu actividad al menos en el mismo grado en que la economía se ha contraído (toma en cuenta que esta fórmula no aplica a la inversa). En este caso, el tiempo sí es dinero, y la forma en que utilizas tu tiempo determinará cuánto dinero tendrás mañana. Siempre debes pensar a largo plazo, pues no hay remedios rápidos.

Parece que hay mucha gente que no desea gastar energía sin la completa seguridad de una paga (usualmente inmediata o en el corto plazo). Esta actitud sólo garantiza la caída de tu economía. Ya puedo escuchar a quienes ponen condiciones respecto de lo que están dispuestos a hacer, y también a los que dicen: "No estoy dispuesto a trabajar más duro que antes" o "De ningún modo trabajaré por tan poco dinero." Deja de una vez esta forma de ver las cosas. Debes estar dispuesto a hacer lo que sea, sin importar cuánto esfuerzo se requiera o cuan insignificante te parezca la paga. Si, para mantener a mi familia, debo aceptar un segundo trabajo haciendo hamburguesas, lo haría de buena gana. Si tengo que lavar autos para cuidar a mi familia, los lavaría. Deja atrás la arrogancia, tu viejo sistema de creencias y cualquier limitación a lo que deseas hacer y ponte a producir tu economía.

Una de las cosas más difíciles de lograr durante los tiempos económicos rudos, es mantener una mentalidad positiva y aprovechar el tiempo sabiamente. El pesimismo, la actitud negativa y la tendencia a aferrarse a ideas viejas, pueden convertirse en un cáncer que destruye la posibilidad de un mejor futuro. Cuando las cosas se tornan especialmente complicadas, es mucho más importante aprovechar todo momento y estar pendiente de lo positivo. Considera la frase que utilicé antes: "El tiempo es dinero." Durante las contracciones económicas, los negocios se reducen, por ello es común disponer de más tiempo. Si la actividad baja 20 por ciento, deberías tener 20 por ciento más tiempo. En realidad, el tiempo se expande durante las contracciones. La pregunta ahora consiste en saber qué harás con el tiempo extra. Tu manera de agendar este tiempo extraordinario determinará qué tan bien capeas el temporal comparado con los demás. Básicamente, todos tenemos la misma cantidad de tiempo disponible, pero la gente más industriosa lo aprovecha al máximo.

Es muy importante comenzar cada día con una agenda bien estructurada que te mantenga ocupado, llena de acciones valiosas. Así, te concentrarás en las soluciones. Los asuntos de tu agenda no tienen por qué relacionarse todos con el negocio, pero sí referirse a la producción de una u otra manera. Esto puede y debe incluir tu desarrollo espiritual, personal y físico, mejorando relaciones con tu familia, amigos y colegas. Puedes hacer trabajo voluntario, educarte y demás. Empezar cada día con una rutina y encontrar tiempo para el estudio es vital para que los periodos de inactividad sean más efectivos. Suelo decir lo siguiente en mis seminarios: ¡Mientras más produces, más puedes producir!

Aumentar el esfuerzo en cualquier aspecto de la vida mejorará tu desempeño en áreas distintas y aparentemente no relacionadas. Pero sin un plan o compromiso para usar el tiempo productivamente, no serás capaz de generar lo suficiente con el tiempo de que dispones.

Cuando las cosas en tu empresa iban bien, probablemente dijiste que no tenías tiempo para ejercitarte, estudiar o involucrarte en los asuntos de la comunidad. Pues bien: ahora lo tienes. Incluso mientras escribo esto, recuerdo otras épocas de mi vida en que las cosas no marchaban bien y usé esta estrategia de la agenda con disciplina para sacar la cabeza. Aumenté mi nivel de producción en un área para poder aprovechar el momento y salir del hoyo cavado para mí mismo. Siempre que entro a una etapa con bajos niveles productivos, aprieto mi agenda y me torno más exigente en el uso del tiempo.

Lo primero que decido cuando me comprometo con una agenda es la hora en que iré a dormir y a la que me pienso levantar. Si no controlas el momento en que te vas a dormir, nunca manejarás la hora a la que te debes levantar. Aunque todos disponemos de relojes con alarma para sacarnos de la cama por las mañanas, solemos carecer de compromiso para irnos a dormir a la hora indicada. Al establecer un horario para dormir, nos sentiremos descansados, concentrados y listos para producir. El sueño se convierte en el eje de mi programa; me brinda el rejuvenecimiento y la energía que requiero para maximizar mi rendimiento en las horas de vigilia. Cuando hayas decidido la hora de dormir y la hora de despertar, puedes "empacar" el resto del día con tareas orientadas a la producción, que expandan tu economía, te hagan sentir bien contigo mismo, aumenten tu comprensión, mejoren tu actitud y te brinden las oportunidades de obtener un nuevo ingreso.

Estas actividades pueden incluir contacto directo con los clientes y clientes potenciales, enviar correos electrónicos y material promocional, la mercadotecnia, la planeación y búsqueda de clientes, el rediseño o reempaque de productos, agendar visitas personales, hacer llamadas, depurar archivos, hacer revisiones de calidad de los servicios, rediseñar presentaciones con diapositivas, ejercitarte, estudiar, escribir un libro, comer sano, rehacer tu sitio web y cualquier otra cosa que puedas imaginar. Comprométete con tu agenda e incluye esas actividades que te brindan placer personal, te mantienen ocupado al impulsarte hacia adelante y crean oportunidades. Este último elemento es importante; de otra forma, podrías terminar en pasatiempos que te agradan pero que probablemente no producirán muchas utilidades. Por ejemplo, la mayoría de las personas comen todos los días de la semana. Esa hora que pasas comiendo no es para organizar archivos ni para planear una campaña de publicidad, sino que es un momento ideal para comer con un cliente.

Después, determina qué porcentaje de tu agenda te pone frente a personas que pueden comprar tus productos y servicios o activar a otros que puedan hacerlo. En lo personal, me gusta estar frente a clientes potenciales 50 por ciento del tiempo. Tal vez debas trabajar en tu agenda para llegar a una proporción semejante. No te limites a planear "estar ocupado" haciendo "algo"; ocúpate con cosas que te ayuden a avanzar y conquistar.

¡Cuando tu Agenda de Poder esté equilibrada, síguela y no te apartes de ella! Este ejercicio de control del tiempo será divertido. Por ejemplo, si has fijado tu hora de comida entre las 12 y las 13 horas, haz saber a todos que tienes un día muy ajetreado y debes irte a la una justamente. Luego, continúa con la siguiente actividad de tu agenda. Si tienes una junta con colegas programada para las 14:15, déjales en claro exactamente de cuánto tiempo dispones para esa junta. Darás la impresión de estar ocupado y, puesto que impones límites de tiempo en cada reunión, te encontrarás haciendo más en menos tiempo.

Ahora es el momento de hacer más mientras otros hacen menos. Expándete mientras otros se contraen. Conquista mientras otros se retiran y se rinden. Hay cientos de cosas que no has hecho en años y ahora puedes hacer. No hablo de cosas como dormir, ver la tele, quejarte, comida y cenas largas, chismes, leer el periódico, preocuparte o desperdiciar el tiempo porque eres flojo. Estas conductas son simplemente el resultado de una falta de compromiso con la Agenda de Poder. Cuando tienes que estar en otros lugares y no tienes tiempo para estas cosas, entonces no las haces y punto.

Deja en claro al mundo todos los días que tienes "cosas que hacer y gente a la cual ver". Adopta esta frase como si fuera un mantra para que puedas mantenerte por encima de la lucha cotidiana, libre del aluvión de negatividad, asegurando así la expansión de tu brillante y próspera economía. Muévete rápido, corre de una actividad a la siguiente. Incrementa tu frecuencia, velocidad, vibración y nivel de actividad. Viaja como si tuvieras que ir a un lugar importante y tuvieras algo urgente que hacer, y ambas cosas redundarán en beneficios. Aprovecha esta oportunidad para tomar el control y aprovechar tu tiempo al máximo. Úsalo para ponerte al corriente en todas las cosas que te hacen más valioso para ti mismo y los demás.

Hay muchos asuntos que puedes poner en tu agenda de poder que te conducirán a una nueva economía. Toma otro trabajo, aprende algo nuevo, mejora las habilidades que ya tienes de algún modo, empieza con un negocio casero, aprovecha alguna oportunidad de mercadeo directo, ayuda a resolver los problemas del mercado o únete a un grupo de personas con intereses en común. Puedes aprender un nuevo idioma, más sobre internet, leer un libro cada semana, escuchar programas de audio, ayudar a la comunidad, postularte para un puesto público, ayudar a tu iglesia: las posibilidades son infinitas.

La mayor parte de la gente usa el tiempo como excusa para no hacer lo que es bueno para ellos; dicen no tener tiempo y ya. Pero la realidad es que la mayoría simplemente se rehúsa a incluir en sus agendas actividades que valen la pena. Insisto en que todos tenemos la misma cantidad de tiempo. Trata el tuyo como si fuera valioso. Asegúrate de aprovechar cada momento de cada día y te sentirás mejor contigo mismo, te irá mejor.

Si operas de esta forma, cuando llegue la contracción económica tendrás ventaja porque ya cultivaste disciplina, habilidades, educación y contactos, y otros no lo han hecho. Cuando la gente pregunta: "¿Por qué siempre tienes tanta prisa?", mi respuesta es: "Así vivo." Cuando preguntan: "¿Cuál es la prisa? Cálmate", suelo inspirarlos al responder: "¡Mientras más hago, más puedo hacer, y mientras más hago, más logro!" Cuando te dicen: "Cálmate y disfruta la vida", diles: "No puedo calmarme. Tengo que crear una economía para asegurar el futuro de mi familia." Ten cuidado con las personas que cuestionan tu deseo de hacer más, son peligrosas para sí mismas y los demás.

Aparte de crear tu propia agenda de poder, haz una lista de todas las acciones inútiles en que estás involucrado. Esta acción es muy importante, tanto que bien pude haberle dedicado un capítulo. Escribe todas las cosas que no contribuyen a la producción futura y no te hacen sentir bien contigo mismo.

Cuando tengas la lista de las actividades inútiles, ubícalas en tu agenda. No sugiero que dejes de hacerlas todas, pero sí que al menos limites la cantidad de tiempo que les dedicas. Confieso que, ocasionalmente, juego con el Xbox. Aunque estoy consciente de que esto no contribuye a mi producción en modo alguno, disfruto jugar. No lo elimino por completo, pero lo restrinjo para que no afecte mi tiempo de producción. De este modo, no me quedo sin mi recreo.

Ahora, crea tu nueva agenda. Escribe a qué hora dormirás esta noche y a qué hora te levantarás mañana. Un par de trucos para quienes aman dormir. Desactiva el botón "snooze" de tu despertador y deja las persianas o cortinas abiertas para que cuando amanezca resulte difícil quedarte en la cama. Cuando ya definiste la hora de dormir y la de levantarte, comienza a llenar la agenda para el resto del día. Las siguientes actividades son desayuno, comida y cena. Ahora llena el resto de tu horario con actividades que quieres cumplir. Recuerda que la mayoría de las personas logra menos de lo que se propone, no porque sean flojas, sino porque no tienen una agenda que cumplir. Por ejemplo, lo primero que hago al despertar por las mañanas es escribir las metas de mi vida. Vuelvo a hacer esto por la noche, antes de acostarme, así que siempre tengo estas acciones en mi agenda. Después de escribir las metas, me ejercito de 20 a 30 minutos, y después desayuno saludablemente.

Conforma el resto de tu horario ocupando cada momento del día con acciones planeadas. Cuando preguntan: "¿Conduces tu vida siguiendo un horario estricto?", la respuesta es: "Claro que no." Pero tengo claro lo que quiero lograr cada día. Prefiero tener un horario repleto y preguntarme cómo hacer tanto, en lugar de no tener agenda y volverme apático porque no hay nada qué hacer. Sin importar las condiciones de la economía, me comprometo a diario con algo que me mueve en el mercado. Mientras más actividades contiene mi agenda, más oportunidades tengo de hacer algo productivo. Mientras más hago, mejor me siento y más logro cuando me siento bien. Cuando te sientes mejor y comienzas a hacer más cada día, te encontrarás con recompensas del mercado por realizar actividades que nada tienen que ver con tu empleo.

He aquí un ejemplo de un día reciente en mi agenda:

6:00	Despertar, tomar agua con limón y escribir mis metas.
6:15-7:00	Ejercitarme, escuchar material de entrenamiento, nadar y bañarme.
7:00	Desayunar con la familia.

7:20-8:00	Manejar a la oficina, visitar personalmente a un cliente. Usar el tiempo de manejo para escuchar material de entrenamiento.
8:00-8:15	Reunirme con el grupo.
8:16-9:00	Escribir mi artículo semanal para el *Huffington Post* y para *Business News*.
9:00-10:00	Asistir a la junta de planeación para la estrategia de nuestro sitio web.
10:00-11:50	Llamar a los clientes y luego enviar correos y correos electrónicos.
12:00-2:00	Comer con un cliente importante.
2:00-3:00	Escribir más de mi libro/desarrollo de producto.
3:00-4:30	Crear un nuevo Powerpoint para el siguiente seminario.
4:30-5:00	Ver a un cliente de camino a casa.
5:15-6:30	Tiempo libre para jugar y para la familia.
6:30-8:00	Seguir escribiendo mi libro o investigar para un programa de radio sobre la economía.
8:00-10:00	Ver película grabada con mi familia (evitar las noticias).
10:00	Bañarme, escribir metas, pasar tiempo con mi esposa y acostarme.

Ejercicio
La Agenda de Poder para avanzar y conquistar

¿Cuáles son las dos cosas que puedes lograr con una agenda muy apretada y con disciplina?

1. _____

  _____

  _____

2. _____

_____

_____

_____

¿Por qué es mejor producir cualquier cosa que no producir?

_____

_____

_____

_____

¿Cuáles son las cosas que te has negado a hacer?

_____

_____

_____

_____

¿Cuáles son algunas de las actividades inútiles en que te embarcas cada día?

_____

_____

_____

_____

¿Cuáles son las dos primeras cosas con las que debes comprometerte al establecer un horario?

1. _____

_____

_____

2. _____

_____

_____

Crea una agenda ahora mismo para el resto del día y de la semana
y cúmplela tanto como puedas.

_____

_____

_____

_____

16

Una actitud de avance y conquista

Como se expuso en un capítulo anterior, tu actitud determinará cuánta acción tomar y qué tan efectiva es. Siempre es un reto mantener una actitud positiva, más aún en tiempos de problemas económicos. Este es el caso para ti, tus clientes y todos tus competidores. La persona que pueda mantener una actitud optimista cuando las cosas no son fáciles, tendrá una ventaja significativa y mejores oportunidades de avanzar y conquistar.

El componente más peligroso de una contracción no suele estar en la realidad de los factores económicos; lo peligroso está en la cantidad de pensamiento dañino que puede infiltrarse en el mercado, que puede afectar a los individuos que apoyan y diseminan tales ideas. En tanto que las malas actitudes no aparecen en los estados de pérdidas y ganancias, siempre tienen algo que ver con el resultado final.

En los tiempos difíciles es mejor evitar la negatividad —y la desesperanza, falta de confianza y dirección, y la depresión que causa— a toda costa. Todos estos factores comenzarán a manifestarse en tus acciones y resultados. Los prospectos y los clientes sentirán cualquier pesimismo de tu parte e interpretarán tus actos como si fueran producto de la desesperación o la preocupación. Esto hará que se basen en el temor para responder a tu oferta, lo que nunca es bueno para ti.

Incontables encuestas han probado que la negatividad puede contribuir a la mala salud, los accidentes y los bajos niveles de producción. La American Medical Association cree que hasta 90 por ciento de las enfermedades son psicológicas o causadas por la mente. Si crees que te enfermarás, tienes más posibilidades de enfermar. Si crees que tendrás un accidente automovilístico, mejor llama al taller, puesto que pronto necesitarás que reparen tu auto. Si piensas que nada puedes hacer en épocas de contracción, pronto cumplirás esta profecía haciendo menos. Esta profecía autocumplida demuestra el poder de tu mente y de tu actitud.

Un hombre llamado Sangeeta Iyer condujo una investigación que valida esta teoría y escribió sobre ella en un artículo titulado "Healing Is Believing: The Placebo Effect". He aquí un fragmento:

> Placebo es cualquier tratamiento que carece de acciones específicas contra los síntomas de un paciente y que, de alguna manera, puede causar efectos en ese mismo paciente. Un placebo puede ser una pastilla hecha de azúcar, o una terapia falsa o hasta una cirugía fingida que tienen efectos. En años recientes, el efecto placebo se está haciendo tan eficaz como muchas medicinas recetadas.
>
> Las creencias y esperanzas de una persona en un tratamiento, combinadas con la credulidad, parecen tener un significativo efecto bioquímico. Los efectos positivos del placebo se han notado en pacientes tratados por varios desórdenes derivados de la depresión.

En este punto, el lector más cínico preguntará: "Grant: ¿estás diciendo que debo creer que las cosas son buenas cuando no lo son y que así todo saldrá bien?" La respuesta es sí, podría sugerir que tendrías mejores probabilidades de éxito si te engañas pensando que las cosas mejorarán y participas en mejorarlas.

La realidad es un elemento interesante en la toma de decisiones porque parece cambiar drásticamente dependiendo de con quién se hable. Pregunta a tres personas distintas cómo se sienten con el clima de hoy (digamos que están a 30 grados y en un día soleado), y es muy probable que obtengas tres respuestas diferentes: (1) ¡Excelente! Me encanta el verano; (2) Es terrible. Sudo en este traje; y (3) No me importa gran cosa. Las tres son verdades para la persona que las expresa, y cada respuesta influirá en el día de esa persona. Así que sólo se trata de cómo ves las situaciones y convencerte de que puedes cambiar el resultado.

En el curso de tu carrera, habrá un momento en que experimentes ciclos de negocios más lentos. Tus clientes escuchan las mismas noticias negativas que tú y éstas nunca derivan en resultados positivos. Tus clientes no quieren más negatividad; pueden obtenerla gratis en casa gracias a su televisión, y en cantidades muy considerables. No quieren ver la negatividad en tu rostro o en tus actos, respuestas o actitud. Actúa de modo competente, exuda éxito y sé positivo y optimista sin importar lo que suceda a tu alrededor. Los clientes potenciales se sentirán mucho más atraídos —o al menos intrigados— por la gente positiva. Estaba en mi programa de radio semanal, en Los Ángeles, hablando de la importancia de ser positivo al buscar empleo cuando las tasas de desempleo están por los cielos. Un escucha envió un mensaje de texto a la estación diciendo: "Ese tipo Cardone es odioso." Respondí: "El tipo que me considera odioso probablemente me admira y ama en realidad y ésta es su manera de decirlo." No era arrogante, buscaba lo positivo. Una mujer con la que quise salir años atrás, dijo lo mismo de mí, ¡y acaba de tener mi primer hijo! Simplemente no se pudo resistir a mi actitud positiva, al seguimiento constante que doy a las cosas, a mi negativa a aceptar un no por respuesta y a mi compromiso de continuar demostrándole atención, incluso después de etiquetarme como persona detestable.

He resistido varias recesiones serias como miembro activo del mundo de los negocios y, tarde o temprano, todas terminan.

Ninguna de ellas durará para siempre, y tu forma de actuar durante ese tipo de episodios tiene más que ver con tu situación presente y futura que la economía misma. Tu actitud afecta a todos los que te rodean, en casa, el trabajo y cualquier otro sitio. Quiero que mi esposa, hija, cuatro perros, empleados, colegas, clientes y amigos me vean como alguien que brinda esperanza y tiene una actitud positiva, especialmente cuando las cosas se tornan difíciles.

Sugeriría que los lectores de este libro adoptaran inmediatamente una especie de programa que se concentre en el pensamiento positivo y ofrezca soluciones constructivas. La actitud positiva que necesitas para tener éxito en los negocios no aparece en CNN, CNBC, FOX, MSNBC, ABC, NBC, CBS o cualquier otro canal de cable o estación de radio o periódico impreso en Estados Unidos de América. De hecho, los medios que dependen de las malas noticias para obtener utilidades han comenzado a preocuparse por la pérdida de espectadores, debido a su gran cantidad de negatividad. Aunque no es probable que dejen esta actividad —después de todo, se trata del producto que venden—, sí es probable que escalen la cobertura de lo que llaman noticias a otro nivel de caos. Como dice mi amigo y genio del correo directo, John Hamlin: "Todo lo que necesito saber de las noticias lo obtengo del reporte del clima."

Si en verdad te comprometes con el avance y la conquista, te sugiero sustituir el tiempo en que ves televisión, escuchas radio o lees periódicos, con programas diseñados para cambiar tu atención a lo positivo y hallar soluciones. Por ejemplo, confía en un programa llamado Reglas del Éxito, que consiste en 13 sencillos pasos para ejecutar en el mismo número de días y mejorarán inmediatamente tu actitud y llevarán tu atención a las soluciones que garantizan el éxito. Para crear tu propia economía, debes invertir hasta el último gramo de energía en la solución, no en el problema. Esto no significa que no vea yo la tele. Elijo programas que limitan el tiempo de reportajes negativos, como Planet Earth, The Food Network, juegos deportivos o películas de mi elección.

Siento que este tipo de programación me permite educarme y entretenerme sin sentirme deprimido cada vez que veo la tele.

La gente que abandona las actitudes positivas puede no percatarse siquiera de la recuperación del mercado, gracias a la ceguera que han adoptado y a la pobre ética de trabajo que convirtieron en hábito. En lo que a mí respecta, nunca he conocido a nadie que no creyera en la importancia de la actitud en términos de su contribución a la propia productividad y al futuro. Más de 95 por ciento de los asistentes a mis seminarios y de las personas que asesoran a mi empresa, creen que no hacen lo suficiente para entrenarse en ser positivos y mantener el optimismo.

Sin embargo, no es tan simple como decir a alguien que sea positivo, especialmente en una cultura llena de miles de millones de transmisiones negativas regulares. Algunos libros incluso sugieren que simplemente se piense en lo que se quiere para "atraer" esas cosas. En tanto que esto suena muy bien y creo que es cierto en alguna medida, esta teoría no toma en cuenta todos los otros pensamientos fuera de tu conciencia y que también puedes atraer. Decir a alguien que sea positivo en un ambiente muy negativo, es como decir a alguien que no se moje mientras nada en el mar. Tus amigos, compañeros de trabajo, familiares y otras personas, contribuyen involuntaria pero libremente a la negatividad de tu vida diaria. Debes contrarrestar este tipo de influencia con datos que lleven tu atención a perspectivas orientadas a la solución. De no hacerlo, puedes pagar el precio en la forma de una actividad comercial menos intensa. Usa cada mañana mi programa con las Reglas del Éxito y, en 13 días, te prometo que tu vida cambiará dramáticamente. ¡El cambio puede ser tan obvio que la gente te preguntará qué estás haciendo! Llena tu día con una agenda disciplinada y reduce la ingesta televisiva con programas grabados y sin noticiarios.

Cada día haz algo positivo que te haga sentir bien. Hazlo temprano por la mañana, durante el día y de nuevo por la noche. Puede tratarse de cualquier actividad, como ejercitarte o caminar por la mañana, o decir algo agradable a un colega durante el día, o tal vez se parezca más a una buena comida y una buena conversación con la familia por la noche. Lleva un recuento de tus metas al principio y al final de cada día: esto te dará dos oportunidades para poner atención adondequiera que vayas. Aquello a lo que prestas atención, es lo que obtendrás. Piensa pobremente y terminarás pobre. ¡Piensa en soluciones y encontrarás muchas! Si inviertes más tiempo en estrategias de avance y conquista, terminarás por avanzar y conquistar.

A continuación te presento algunos tips para mantener una actitud positiva:

1. Escribe recordatorios positivos en sitios visibles de tu lugar de trabajo. Contrarresta la negatividad con mensajes optimistas, fotos y notas.
2. Usa 13 días mi programa Reglas para el éxito. Este programa de ocho horas se usa durante 13 días para cambiar tu pensamiento y tus acciones.
3. Ejercítate diariamente.
4. Comienza a leer libros positivos. Trata de leer entre uno y tres capítulos al día.
5. Escribe tus metas futuras y sueños, a diario y en tiempo presente, como si el objetivo se hubiera logrado. Por ejemplo, "tengo un helicóptero" o "mi ingreso es de_____".
6. Crea un horario y cúmplelo con disciplina. No te desvíes de tu agenda.
7. Acuerda eliminar toda negatividad con tus amigos, familia y compañeros de trabajo y convierte el asunto en un juego. Pon un letrero en tu casa u oficina que diga: "¡Aquí no se permite la negatividad!"
8. Considera librarte de todas las toxinas, químicos y contaminantes de tu cuerpo. Todos almacenamos en

nuestros cuerpos químicos y toxinas ambientales que pueden causar negatividad, depresión, temor, inseguridad, flojera y ansiedad. Estas toxinas —acumuladas en las células grasas de tu cuerpo debido a una dieta pobre, a los químicos del ambiente, a los pesticidas, a los medicamentos de prescripción, las drogas y el alcohol— pueden afectar tu humor, concentración y nivel de energía. Yo hice un proceso de purificación y los resultados fueron sorprendentes; inmediatamente tuve más energía y pensamientos más claros.

9. Remplaza el pensamiento negativo con uno positivo. Recuerda que un problema mayor en toda esta discusión acerca de la recesión, es que la gente empieza a sentir, ver y experimentar las cosas relativas a la recesión. Entonces comienzan a exhibir negatividad respecto de sus prospectos de negocios y ven solamente lo que ellos creen. Recuerda que, no importa qué veas, escuches o leas, eres tú quien, en última instancia, elige qué pensar.

Las creencias negativas afectan rápidamente tu forma de ver las cosas y cómo te sientes respecto de los futuros prospectos de tu negocio. Debes sustituir la negatividad del mercado con pensamiento positivo. Con sólo hacer ciertas preguntas, puedes cambiar tu atención de buena a mala. Al preguntar *qué está mal en la economía*, se suele destacar justamente eso: lo que está mal. Pero cuando alteras la pregunta un poco y te cuestionas *qué puedes hacer para vender algo hoy*, inmediatamente cambias tu atención y la concentras en buscar soluciones, alejándola del problema.

Una manera de sacarte de un estado de desesperanza, es incrementar la urgencia y la necesidad. Por ejemplo, si tu vida dependiera de vender algo hoy, lograrías una venta sin importar qué condiciones económicas imperen. Mira el ejemplo de los niños; ellos se concentran en obtener lo que quieren sin que les importe ninguna recesión, porque ponen más atención al resultado que al problema. Los niños rogarán sin parar, como si su vida dependiera de ello y por lo regular lo hacen hasta "cerrar" el trato.

Tener una estructura de creencias que más apoyo brinde es esencial para el éxito en cualquier mercado, y es absolutamente vital para vender en un mercado restringido. Adoptar un sistema de creencias ganador no significa estar en un estado de negación. Sólo significa que aprovechas al máximo cualquier oportunidad con una actitud optimista que subraya que las cosas pueden hacerse.

Siempre hay oportunidades para prosperar, sin importar la naturaleza económica de los tiempos. La historia ofrece numerosos ejemplos de negocios que se fundaron con gran éxito en tiempos de circunstancias económicas poco favorables. Ray Kroc compró McDonald's durante una recesión en 1953, y luego convirtió su compra en el restaurante de comida rápida más grande del planeta. Walt Disney se declaró en bancarrota muchas veces antes de desarrollar la empresa de entretenimiento más grande del mundo, que sobrevivió a la Gran Depresión y a otras siete recesiones. La empresa F. W. Woolworth —hoy conocida como Foot Locker— fue fundada con un préstamo de 300 dólares, durante la Larga Depresión, que duró 23 años. Un niño que escapó de su casa y fue un desertor escolar, Harland Sanders, vendió su receta del pollo Kentucky Fried Chicken, después de nueve años de esfuerzo (a lo largo de dos recesiones y mientras vivía gracias a los cheques de la Seguridad Social), a la edad de 65 años.

Incluso durante los tiempos económicos más oscuros, no querrás mantener los ojos cerrados. Debes estar atento, observar y analizar cada problema porque un problema es una oportunidad. En todo momento, pero especialmente durante los tiempos difíciles, la gente quiere trabajar con las personas más positivas y más profesionales del mercado. Los competidores que luchan con la negatividad terminan por representar más ventas para ti si mantienes el pensamiento positivo.

Asegúrate de firmar para recibir mi "estrategia de la semana" en www.grantcardone.com. Te enviaremos estrategias gratuitas con consejos para mantenerte positivo, expandirte, aumentar las ventas y más. También ofrezco varios programas relacionados con las ventas en CD y en video. También disponemos de programas de entrenamiento virtual a tu disposición 24 horas al día por medio de tu computadora. Estos programas te ofrecen entrenamiento sobre cómo acercarte a las ventas con actitud positiva y orientando tu actuación a encontrar soluciones; con ello aprovecharás cualquier oportunidad. Estos programas han ayudado a miles de personas a ganar control sobre su actitud, logrando aprovechar al máximo cualquier oportunidad y controlando su ambiente.

Nada —ni tu producto, servicio o empresa— es más valioso que la habilidad de mantener y ejercer una actitud positiva. Esto influye en cada área de tu vida: salud física, estado mental, bienestar financiero. Es más probable que el dinero y el éxito lleguen a quienes mantienen una actitud positiva, orientada a las soluciones y a lograr las cosas. Conviértete en el efecto placebo de ti mismo y de todos los que te rodean, y asegúrate de que sea un efecto positivo.

Ejercicio
Una actitud de avance y conquista

¿Qué es lo más importante que debes evitar durante las contracciones económicas?

_____

_____

_____

¿Qué pasará con aquellos que no mantengan una buena actitud cuando las cosas cambien en el mercado?

_____

_____

_____

¿Qué puedes hacer para mantenerte positivo cada día?

_____

_____

_____

Escribe dos ejemplos de personas que probaron que el éxito es posible incluso en tiempos difíciles, y especifica qué admiras en ellos.

1. _____

_____

2. _____

_____

_____

17

Tu plan de libertad financiera

En tanto que, erróneamente, hay quien afirma que "el amor al dinero es la raíz de todo mal", yo pienso que es más preciso sugerir que la falta de *conocimiento* del dinero ocasiona la mayoría de los problemas financieros de las personas. Muchos de nosotros tenemos información falsa sobre el dinero, las finanzas, los presupuestos, la deuda y el ingreso, y por ello no es de extrañar que la gente nunca acumule mucha riqueza. Si no entiendes el dinero, ¿qué tan bueno puedes ser para conseguirlo o mantenerlo? Las ejecuciones hipotecarias, las bancarrotas, las deudas que se salen de control, los negocios que fracasan y un gobierno que no parece capaz siquiera de llevar sus cuentas, todo lo anterior apunta hacia una cultura a la que le falta información, o que tiene información errónea respecto al dinero. Honestamente creo que el problema tiene que ver con ambas cosas.

Obtuve un grado como contador en la universidad porque pensé que me desempeñaría mucho mejor en el mundo de los negocios si comprendía el dinero, las finanzas y la contabilidad; después de estudiar cinco años, con el título en la mano, descubrí que no conseguía trabajo y no producía ingreso ni sabía hacer el balance de una chequera. Me faltaba comprensión práctica sobre el dinero y las finanzas, y debía al gobierno 70 000 dólares. Pienso que es el caso de la mayoría de la gente, sin importar si tienen un grado académico o no. La gente tiende a pensar que asistir a la universidad les dará esta información, pero eso casi nunca sucede.

La mayoría de los bancos que fracasan en este país son dirigidos por individuos que asistieron a las mejores escuelas de negocios del planeta. Sin embargo, parece que aún les falta conocimiento sobre cómo mantener a sus negocios viables y solventes. Hasta la gente que cree saber de dinero parece estar un poco confundida y no tendrás que ir muy lejos para corroborarlo. La gente se hace las siguientes preguntas: ¿En qué invierto? ¿Debo endeudarme? ¿Una casa es un activo o una carga? ¿Cuál es la diferencia entre un presupuesto y un plan financiero? ¿Es malo todo el crédito? ¿Debo invertir en acciones, bonos o en fondos de inversión? ¿El dinero está seguro en los bancos? ¿Qué es un IRA, Keogh o 401(k)?

Conozco personas que no compran nada si no está en oferta. Sin embargo, siempre están quebrados porque no entienden cómo producir ingreso. Pasan toda su vida pensando que el dinero escasea cuando en realidad se trata de moneda impresa por el hombre. También conozco gente que sabe cómo generar ingreso pero que nunca aprende a manejarlo y termina perdiendo todo. La mayoría de nosotros creemos que el dinero no es el único elemento de la felicidad, pero sabemos que es necesario para mantener una vida más cómoda. La gente que va al trabajo todos los días y gana lo justo para pagar sus cuentas, no necesita preguntarse de dónde viene su falta de motivación. No es posible llegar al éxito si no se tiene idea de qué hacer con la recompensa a tu esfuerzo. Para sobrevivir y prosperar en medio de una recesión, es importante comprender cuestiones básicas sobre el dinero —incluyendo la terminología— para terminar con la confusión. Por ejemplo: ¿cuál es la diferencia entre ingreso y flujo de efectivo, entre deuda buena y mala, o entre activos y pasivos? El grado de comprensión que tengas de las palabras es el límite real de lo que puedes entender en cualquier materia. (Por eso diseñé un glosario al final de este libro, para que busques las nuevas palabras y aumentes tu comprensión de la terminología financiera y de negocios.)

He conocido a algunas de las personas más inteligentes de este planeta y muchas han quebrado porque eran maestros de su arte pero no sabían cómo manejar, invertir y hacer que el dinero creciera. Les faltaba entender la riqueza misma que tanto trabajo les había costado amasar.

Consigue algunos libros básicos sobre el dinero y aprende todo lo que puedas sobre el tema. La gente con dinero en el banco e inversiones que crecen suele ser mejor para las ventas y los negocios en general. Tienen más confianza y parecen más profesionales porque lograron que el dinero trabaje para ellos y no a la inversa. Comprender toda la terminología para la planeación financiera, el manejo del dinero, las finanzas, los ahorros y la deuda, no sólo te hará sentir seguridad financiera: es también el primer paso para aumentar tu motivación y alcanzar tus metas.

Un plan financiero es distinto a un presupuesto y es el punto de entrada básico para crear riqueza. Sirve como mapa de ruta para crear finanzas y manejar correctamente tu ingreso. Se trata de la motivación financiera que te lleva al trabajo todos los días. El primer paso es determinar tu presupuesto, o cuánto dinero gastas actualmente. Si no lo has hecho, elabora una lista con todos tus gastos de los últimos tres meses. Puede ayudarte tu estado de cuenta de la chequera o de tu tarjeta de crédito. Luego, averigua cuánto dinero necesitas en realidad para crear solvencia y lograr todo lo que quieres. La solvencia se define como la habilidad de una entidad para pagar sus deudas con efectivo disponible, o la habilidad de una corporación o individuo para cumplir con sus gastos de largo plazo y lograr una expansión y crecimiento de largo plazo. En otras palabras, mientras mejor sea la solvencia de una empresa o persona física, mejor estará financieramente hablando. Una compañía o individuo insolvente, no pueden operar.

La solvencia es un concepto distinto al de rentabilidad, se refiere a la habilidad para ganar una utilidad. Los negocios pueden ser rentables sin ser solventes (por ejemplo, cuando se expanden rápidamente); pueden ser solventes mientras pierden dinero (por ejemplo, cuando canibalizan sus futuros flujos de efectivo o venden las cuentas por cobrar). Un negocio entra en bancarrota cuando no es rentable ni solvente.

En este punto es donde la mayor parte de la gente fracasa con la planeación financiera: nunca crean un plan que los haga solventes. Pasan la mayor parte de su tiempo en la cuestión del presupuesto: pagos del coche, hipoteca, tarjetas de crédito, gas, luz, seguros, alimentos, restaurantes, entretenimiento, cuidado dental, otras cuentas médicas, etcétera. Descuidan completamente los asuntos más importantes, como necesidades futuras, ahorros, mejoría personal, educación de los niños, fondos para vacaciones y ahorros para el retiro. Sólo les queda el presupuesto; nunca crean un plan financiero; pasan sus vidas pagando a otros y nunca se financian a sí mismos.

Un verdadero plan financiero debe dejar en claro tus metas monetarias. Debe delinear exactamente cómo crearás los excedentes, qué hacer con ellos y cómo manejar e invertir ese dinero. Un plan sugiere que tú estás haciendo algo para que sucedan las cosas. No se trata de una evaluación histórica de lo que ya se ha hecho (un presupuesto). "Plan" significa un método para lograr un objetivo, una estrategia que indica cómo uno será viable y solvente como hogar y como empresa. Un presupuesto es una lista de todo aquello en lo que gastas dinero. Cupones de descuento, ahorrar dinero, recortes de gastos y todo lo que tiene que ver con el control, se relaciona con los presupuestos. En cambio, un plan financiero se concentra en la *creación* de riqueza.

Una de las razones por las que la gente parece nunca tener dinero suficiente, es que se concentran en el presupuesto y no en un plan. Debes plantearte las siguientes preguntas: ¿Cuánto dinero necesitamos en verdad para vivir? ¿Cuánto necesitamos para financiar futuros planes de retiro, vacaciones, educación para los hijos, ahorros, inversiones, etcétera? ¿Quién tiene el dinero para financiar esas actividades? ¿Cuánta actividad será necesaria para crear esa cantidad de dinero? Un plan financiero es considerar una expansión, no una contracción, como el presupuesto. Define cómo alcanzarás tus metas, harás realidad tus sueños y tendrás el futuro que quieres. Digamos que es la motivación principal para ir a trabajar.

En los tiempos difíciles, tus clientes tendrán la atención puesta en el mismo asunto que todos los demás y, por supuesto, se mostrarán más reticentes a comprar. Dado que también se concentran en el presupuesto, debes hacer un mejor trabajo para mostrarles cómo tus productos y servicios pueden ayudarlos a expandirse. Tu grado de comprensión sobre cuánto dinero requieres en realidad para crear el futuro que deseas, determinará qué tan eficiente eres para vender a pesar de las objeciones. Mientras más tiempo dediques al diseño de tu plan financiero, más claridad tendrás respecto de cuánto dinero debes crear para pagarte a ti mismo (y no sólo a tus acreedores), lo que inevitablemente te llevará al éxito en el mercado.

Así que tómate un tiempo para determinar cuánto dinero necesitas y cuáles son las fuentes de ingresos disponibles para ti: tu base de poder, los clientes pasados, la gente a la que no has logrado venderle: básicamente a cualquiera que pueda contribuir a tu plan financiero. No olvides que hasta en periodos de contracción económica hay gente que tiene dinero y lo gastará. Después de todo, no escasea el dinero en la Tierra; falta planeación, motivación, valentía, acción y seguimiento. Tu propia falta de riqueza significa que no entiendes algo o no tienes la motivación indicada. Una vez que pones en marcha un plan financiero, gastarás el resto de tu energía encontrando a las personas que necesitan de tus productos y servicios, gente que apoyará tu plan financiero y te ayudará a avanzar y conquistar.

Ejercicio
Tu plan de libertad financiera

¿Cuál es la principal diferencia entre un plan financiero y un presupuesto?

_____

_____

_____

¿Por qué el plan financiero es un buen punto de partida?

_____

_____

_____

¿Por qué las personas que cuentan con un plan financiero son mejores vendedores que quienes no lo tienen?

_____

_____

_____

Escribe cuatro ejemplos de por qué se puede afirmar que no hay escasez de dinero en el planeta.

1. _____

_____

2. _____

_____

3. _____

_____

4. _____

_____

_____

18

La habilidad más importante para avanzar y conquistar

Tus habilidades para ventas, negociaciones y cierres de ventas, son vitales para avanzar y conquistar. No puedes ganar participación de mercado a menos que vendas ideas, productos y servicios. Cada profesión tiene habilidades que deben aprenderse. Un carpintero necesita martillo, clavos, madera y, según su conocimiento del oficio, será más o menos deseable en el mercado. Un granjero necesita tractor, semillas, camiones, fertilizante, agua, gasolina, etc. Un boxeador un buen jab, un gran gancho, una defensa sólida, vigor para pelear 12 rounds, habilidad con los pies y un plan de pelea. Un cocinero los utensilios apropiados, recetas, buen sazón, alimentos, refrigeradores, estufas, hornos y aparatos para mantener los platillos calientes.

Cuando las cosas se ponen difíciles tú y tu empresa necesitan —más que cualquier otra cosa— capacidades organizacionales, gerenciales y de planeación, además de habilidad para vender productos y servicios. Puedes fallar como gerente, pero si vendes suficientes productos y controlas con inteligencia tu dinero, serás exitoso. Puedes planear y organizar hasta lo indecible, pero si no vender tus productos, ¿qué importa lo bien organizado que estés?

La mayor parte de nosotros no tenemos una fila de personas en espera de nuestros productos. Debemos generar interés, vender nuestro producto y cerrar el trato. La sangre de toda empresa es la utilidad, que se genera con ventas. Por lo tanto, lo que más necesita toda organización —habilidad que por sí sola puede determinar el éxito o el fracaso— es que sus empleados sepan vender.

Para desarrollar habilidades de venta se requiere comunicación, motivación, fe en el producto, una gran actitud, facilidad para hacer presentaciones, capacidad de negociación y para el cierre del trato, seguimiento y creación de oportunidades prometedoras. Para una organización, vender es como el alimento, el agua y el oxígeno para el cuerpo. A los hombres de negocios a veces no les gusta que se les tenga por vendedores, pero es un grave error. Este desdén es el resultado de nunca tomarse el tiempo para aprender la mecánica del verdadero arte de la venta. Muchas personas evitan las ventas gracias a una buena demanda de su producto o servicio, o debido a una época de enorme gasto y crédito barato. Pero hay un momento en la carrera de todos en que o aprendes a vender o debes renunciar a tu objetivo de ser el primero. Incluso quienes se consideran vendedores profesionales, sólo aprenden algunas cuestiones básicas y nunca perfeccionan todas las herramientas disponibles. No me refiero a las ventas como una actividad, sino como la mejor forma de dominar y asegurarte el asiento principal del mercado.

La mayoría de los vendedores aprenden solamente algunas habilidades básicas durante los primeros 90 días, más o menos, y luego pasan el resto de sus carreras operando con este conocimiento inicial. Si un boxeador hiciera lo mismo, jamás llegaría a pelear profesionalmente, sin importar su talento natural. A pesar del mito, nadie nace siendo vendedor. Soy un experto en ventas, pero puedes creer que no nací vendedor. Fui un bebé, como todos los demás, y tengo fotos para probarlo. Nadie que yo conozca ha nacido con capacidades especiales para cerrar ventas, se desarrollan. Hay gente que nace con una facilidad para crear vínculos y eso puede llevar a una profesión como las ventas, pero ni estas personas lograrán convertirse en maestros en el arte de atraer utilidades, a menos que desarrollen un conjunto completo de habilidades. Muchos vendedores llegan a ser lo suficientemente buenos para llamarse "profesionales", pero no invierten el tiempo necesario para ser expertos. Hasta los profesionales pueden pasar una carrera entera destruyendo oportunidades para luego ir a casa a quejarse de que vender es muy difícil. ¡Y eso pasa en los buenos tiempos! Cuando la economía se pone ruda, las quejas resuenan más fuerte, el dolor se intensifica y muchos vendedores se convierten en estadísticas, y sólo hasta que ya es demasiado tarde lamentan no haberse preparado mejor.

Una situación económica desalentadora suele implicar mucho tiempo libre y pocas ventas. Los que en verdad entienden las ventas como una ciencia y una tecnología —y pasan tiempo desarrollando y perfeccionando sus habilidades— son quienes llegarán a concretar el éxito. Los vendedores de este calibre se benefician con los mercados en contracción; habrá más oportunidades para ellos puesto que la competencia se queda en el camino. Los resultados de ventas consistentes no son para los mediocres, la gente promedio, los débiles o quienes sólo saben levantar pedidos. Los negocios terminan en manos de profesionales o de quienes están dispuestos a regalar productos y servicios. Queda claro que estos últimos no sobrevivirán mucho tiempo. Los vendedores mediocres siempre enfrentan retos durante los periodos de contracción.

Así que despierta y date cuenta de que no puedes sobrevivir y prosperar si no te vendes a ti mismo, a tus productos, servicios, ideas y sueños. Esto es cierto para todos, sin importar su posición en la vida. Vender no es un trabajo, es algo que haces por ti mismo para lograr que las cosas sucedan.

Ahora es el momento de trabajar diariamente en tu entrenamiento y educación, en mejorar tus habilidades para las ventas. Sugiero que hagas esto sin que importe el sitio que ocupes en tu organización. A la gente que puede generar o ayudar a generar ventas y utilidades, nunca le faltará trabajo, dinero y oportunidades. Debes comprometerte a entender las ventas como tecnología, como un sistema y un arte, y también en ser experto para llegar a la cima y no asumir que sólo se trata de un trabajo.

Aprovecha cada oportunidad y cada tiempo libre para aprender el arte de vender. Usa el tiempo que inviertes en ir y venir al trabajo para escuchar materiales o generar utilidades para ti y tu empresa. Llama a mi oficina y déjanos mostrarte cómo puedes convertir tu auto o tu computadora en escuela especializada en el cierre de tratos. Podemos conectarnos con tu computadora y transmitirte virtualmente materiales motivadores para vender, soluciones y entrenamiento 24 horas al día, los siete días de la semana. Llama a mi oficina para recibir una demostración gratuita de nuestro entrenamiento virtual en ventas. Te aseguro que te gustará muchísimo. Comienza a concentrar tu atención en hacer crecer tu negocio, en usar las objeciones para cerrar más ventas y en la negociación de estrategias que duplicarán tus volúmenes de venta netos dejando a la competencia en la estacada. Todas las acciones que preceden este capítulo, dependen de tu entendimiento y confianza en tus capacidades de venta. No hay atributos más importantes para asegurar tu avance y conquista.

Visita www.virtualsalestraining.com para averiguar más.

Recuerda que, tras largos periodos de prosperidad, los negocios se acostumbran a tomar pedidos y tienden a olvidarse de las ventas. Cualquier carencia en esta habilidad esencial —e incluso tratándose de los procesos de ventas de la empresa— puede ser pasada por alto fácilmente durante los tiempos de expansión económica. Siempre se logra algún grado de éxito debido a la facilidad con que la gente gasta e invierte. No obstante, durante las épocas de contracción, toda carencia es magnificada y esto resulta en pérdida de oportunidades de ventas y de las vitales utilidades. A mediados de la década de los ochenta del siglo pasado, empresas e industrias enteras comenzaron a depender de la mercadotecnia masiva para procurarse ventas. Pero los grandes presupuestos publicitarios no son costeables durante las contracciones, de modo que se vuelve a una etapa con menos oportunidades. Y más te vale aprovechar todas al máximo, porque necesitas ingresos. Éste es el momento en que es de crítica importancia aprender o volver a aprender todo lo relacionado con creación de oportunidades, motivos de los clientes, acuerdos, presentaciones, negociaciones y cierre de ventas. Los periodos de contracción son buenos para capacitarse, no para quejarse.

Durante 25 años he sido un estudiante de las ventas. He tratado de aprender todo lo posible sobre la venta como tecnología y como arte, no sólo como una posición comercial. Debido a ese compromiso, terminé teniendo una carrera y no sólo una chamba, y hay mucha diferencia entre ambas. Por medio de mi investigación personal, me di cuenta de que se ha escrito muy poco sobre ventas durante los últimos 50 años. Por lo tanto, se me ocurrió implementar un programa llamado Ventas Asistidas por Información©. En nuestros días, hay nuevos avances en el campo de las ventas que he validado en el mercado y han probado ser más efectivos que las gastadas estrategias comerciales de ayer. Estas mejoras se han usado para revolucionar industrias enteras, para revitalizar miles de negocios y llenar de energía a cientos de miles de individuos. No existe una sola industria en este planeta que no cambie de una forma u otra, y las que no cambian simplemente dejan de existir. Yo rompí el código de las ventas en el siglo XXI al crear nuevas formas de manejar a la gente para vender productos, sin importar lo que pase con la economía. Estos descubrimientos no sólo mejoran los resultados comerciales, aumentan la satisfacción del cliente, acortan los ciclos de venta y mejoran la rotación de personal. Me han contactado personalmente miles de personas que alguna vez pensaron saberlo todo sobre ventas al haber hecho una carrera, asistido a seminarios y leído libros del tema. Quedaron maravillados con estos nuevos desarrollos. Mis libros, mis programas de audio y video, la tecnología de entrenamiento virtual, los programas en línea, las escuelas y los seminarios, te convertirán en un maestro en el arte de vender, a pesar de las condiciones de la economía, de la competencia o de tu personalidad.

Vincent Van Gogh —uno de los más grandes artistas que han existido— vendió una sola pintura entre los cientos de obras que elaboró durante su vida. Estamos hablando de un individuo que produjo algunas de las obras de arte más importantes de los últimos 2 000 años, pero debido a su incapacidad o indisposición para vender, su brillantez no produjo ninguna utilidad hasta mucho tiempo después de su muerte. Esto sirve para demostrar que no importa qué tan excepcional sea tu producto, si no lo vendes.

Debido a la intensa competencia que acompaña a la Era de la Información, el comprador del siglo XXI es mucho más conocedor, educado, selectivo y ciertamente más resistente a las aproximaciones de la vieja escuela. Combina todo eso con una economía en contracción y los competidores que empiezan a bajar los precios en una especie de venta por miedo, y tu trabajo de avanzar tus productos e ideas en el mercado se convierte en un desafío todavía mayor.

Como ya mencioné, comencé a trabajar como vendedor en 1983, durante un periodo de gran contracción económica. Trabajaba en una industria altamente competitiva vendiendo productos que no eran, en su mayoría, de los que "debes tener". La mayoría de los individuos y de las empresas o no podían costear mi producto, o tenían razones para demorar la compra. Pero como entrenaba a diario —hasta fanáticamente— para mejorar mis habilidades, a veces vendía más que el equipo de ventas entero. En sólo un año, formé parte del grupo de vendedores de más éxito, el uno por ciento de la industria en la que laboraba. ¿Por qué? No porque fuera un vendedor nato, sino porque me preparé a diario para aprovechar al máximo cada oportunidad. El entrenamiento en ventas, o lo que nos gusta llamar *efectividad en ventas*, no cuesta dinero; te conecta con el dinero que necesitas en tiempos duros para avanzar y conquistar. No puedes darte el lujo de perder oportunidades ahora; debes estar en perfecta forma para tomar ventaja de cada día y de cada oportunidad y ser capaz de cerrar cada venta.

A mucha gente le preocupa cómo gastar su dinero. Sin embargo, estarían mejor si se concentraran en mejorar sus capacidades para ganar más dinero y sacar ventaja de toda oportunidad. La gente más exitosa se concentra en aprovechar al máximo cualquier oportunidad para producir dinero. Avanza y conquista; no te retires para ponerte a salvo. Gastarás en tu vida más dinero en oportunidades perdidas de lo que gastarás en todo lo demás. Las únicas vías para moverte hacia delante son: invertir en tu educación, aprender a comunicarte, a negociar y cerrar transacciones.

Recuerda la regla del *no*. Siempre que dices *no* a algo en la vida, suele haber falta de (*know*).[1] Si no tienes dinero, no sabes acerca del dinero. Si no tienes prospectos, no sabes sobre cómo conseguirlos. Si no logras cerrar las ventas, algo ignoras en ese sentido.

Tu grado de conocimiento de las ventas abarca tu habilidad para comunicar efectivamente, conseguir un acuerdo, manejar las objeciones, ser agradable, generar oportunidades, dar grandiosas demostraciones del producto, negociar y saber cerrar. Es ingenuo pensar que puedes entrenar a alguien que no sabe vender, comunicar, negociar y cerrar tratos. ¿Por qué buscaría prospectos una persona que no sabe qué hacer con ellos?

Si nos has leído mi libro *Sell to Survive* (www.selltosurvive.com), consíguelo inmediatamente. Rehabilitará tus habilidades como vendedor y enfatizará la importancia de las ventas para tu futuro y tu supervivencia sin importar el estado de la economía o tu título. Ningún sueño, idea, producto o servicio, sin importar qué tan bueno sea, llegará al mercado sin alguien que lo venda. Tu futuro, tu bienestar financiero y hasta la seguridad de tu empleo están determinados por tu habilidad para crear oportunidades para tu empresa y obtener ganancias por medio de las ventas.

---

[1] Juego de palabras intraducible entre "no" y "know". [N. del T.]

Quienes no generan oportunidades o proporcionan ganancias directas a la empresa en tiempos de adversidad, serán los primeros en perder el empleo. La gente más necesaria y protegida en la fuerza de trabajo son los que pueden vender y generar dinero.

Sin importar qué te hayan dicho, todos vendemos en un momento u otro. Hasta las superestrellas en la cima de sus carreras deben promocionar sus películas; si nadie compra boletos, los estudios dejarán de hacer películas. El presidente de Estados Unidos se vende para llegar a la Casa Blanca y, una vez ahí, aún debe venderse para que sus programas se cumplan y ser reelegido.

Las escuelas de negocios afirman que la razón principal por la que las empresas y los individuos fracasan es que tienen poco capital; en otras palabras, no tienen efectivo. No pienso que esto sea verdad. La gente y las organizaciones fracasan porque no venden con eficiencia sus productos y servicios en cantidades lo suficientemente grandes —y a precios lo suficientemente altos— para seguir siendo viables.

Así que, sin importar cuál sea tu puesto o posición, te pido que aprendas todo lo posible sobre este gran arte perdido. Es la única forma de avanzar y conquistar sin que algo tan trivial como la condición de la economía te detenga.

Ejercicio
La habilidad más importante para avanzar y conquistar

¿Cuál es tu habilidad más importante?

_____

_____

_____

_____

_____

_____

¿Cuáles son las siete habilidades de un vendedor?

1. _____

_____

_____

2. _____

_____

_____

3. _____

_____

_____

4. _____

_____

_____

5. _____

_____

_____

6. _____

_____

_____

7. _____

_____

_____

¿Qué es lo único que cuesta dinero?

_____

_____

_____

_____

_____

_____

¿Cuál es la única razón por la que los individuos y los negocios fracasan? (cita completa)

_____

_____

_____

_____

Conviértete en un maestro de las ventas.
Visita www.grantcardone.com/resources

19

Una actitud irracional

He dedicado los pasados 18 capítulos explicando las tácticas necesarias para avanzar y conquistar en una economía complicada. Ahora quiero convencerte de ejecutar estas acciones como si tu vida dependiera de cada una de ellas. Quiero que cambies para tener un nivel de operación en el que deberás deshacerte de buena parte de tus costumbres sociales y entrenamiento, para desarrollar la tendencia, e incluso la preferencia, de ser completamente irracional al aplicar estas acciones. Los que tendrán éxito en el mercado, especialmente durante las contracciones económicas, rompen las reglas, hacen ruido, llaman la atención: los irracionales. Son los "intocables" que regularmente se distinguen de la economía como un todo. Los que permanecen sensibles, se convierten en víctimas de los vaivenes económicos y de la competencia; quienes actúen irracionalmente se expandirán, conquistarán y se apoderarán de una mejor cuota de mercado..

Contra lo que Frank Sinatra afirma en su canción "A mi manera", la mayoría de la gente se arrepentirá de muchas cosas durante su vida, no sólo de unas pocas. Espero que un buen número de individuos vean hacia atrás deseando haber hecho más —no menos— y en verdad persigan sus sueños con más energía, tenacidad y un nivel de esfuerzo irracional. También pienso que la mayoría deseará por adelantado haber buscado el cuadrangular, haber apostado en serio y dar todo de sí. ¿Por qué esperar hasta el final de tu vida para hacer esas cosas? Empieza ahora, y toma cada día como si tu futuro dependiera de perseguir el éxito como un loco.

Cuando menciono la locura en este caso, simplemente quiero decir que debes operar a tope, sin valerte de la lógica común o de la razón, que tienden a restringir a la gente. No quiero responder como otros: sólo quiero hacer el trabajo. Comportarte de esta manera significa seguir adelante sin editar o juzgar tu conducta basado en cómo actúan los demás, sino hacer lo necesario para lograr lo que está en juego.

"Social" significa "marcado por la agradable compañía de los amigos o asociados". Una "norma" se define como "un principio de acción justa que une a los miembros de un grupo y sirve de guía o control, para regular la conducta aceptable". Si juntas ambos términos, tienes una norma social —una de las principales razones por las que la gente puede elegir no hacer lo necesario para crear la vida que desea. Da pena ver a tanta gente haciendo solamente lo necesario para sobrevivir y están entre la espada y la pared. He conocido a miles de personas extremadamente exitosas, y ninguna me dijo que el éxito le llegó fácilmente. Todos comparten el propósito común de hacer que sus sueños y metas se hagan realidad, y muchos ni siquiera experimentaron su brillantez hasta darse cuenta de que para cumplir sus sueños debían actuar irracionalmente. Su meta, su propósito, los hizo llenarse con el deseo de ser irracionales y, en ocasiones, hasta los impulsa a ir contra las normas sociales. Considera lo siguiente: si los Padres Fundadores de la nación estadounidense se hubieran conformado con las normas sociales de Inglaterra, habrían terminado en prisión en lugar de construir un nuevo país.

La gente irracional suele ser criticada por estar tan ansiosa de enfrentar las barreras sociales. Pero quienes responden por sus acciones y logran que las cosas se hagan —a pesar de la negatividad, el ridículo y el temor que resisten— perderán la etiqueta de descastados y serán admirados. Esta gente está contenta de hacer sus propias reglas; se arriesgan a romper las de los demás para construir la vida, el negocio, la industria y la economía que quieren. Todos los que han contribuido a alcanzar niveles de excepción, en uno u otro momento de su vida han actuado irracionalmente; por ello han sido ridiculizados y hasta condenados.

Por ejemplo: ¿qué sería de la cristiandad sin las enseñanzas, historias y ejemplos de la vida de Jesucristo? Estaba dispuesto a ser ridiculizado y hasta salió de su tierra para que otros le escucharan. ¿Qué habría pasado si las Padres Fundadores no hubieran luchado contra los poderes de Inglaterra? ¿Qué habría sucedido si el doctor Martin Luther King Jr. hubiera aceptado las reglas de su momento y jamás se hubiera hecho oír? Más recientemente y a una escala un tanto menor, ¿qué habría pasado si Howard Schultz hubiera aceptado el consejo de su suegro y abandonado el sueño de construir Starbucks? Después de todo, la gente no pedía cafeterías en cada esquina. ¿Y qué si Bill Gates hubiera escuchado a su padre y proseguido sus estudios en Harvard? Quizá no hubiera fundado Microsoft y no se hubiera convertido en el hombre más rico del mundo. ¿Y si la Madre Teresa no hubiera dedicado su vida a sus causas? No habría salvado incontables vidas ni tenido un impacto mundial. ¿En dónde estaría la humanidad si los hermanos Wright no hubieran continuado su insensata idea de volar? ¿Y qué habría sido de Barack Obama si hubiera escuchado a los muchos que decían que su llegada a la presidencia era "imposible"? No se habría convertido en el primer presidente afroamericano de Estados Unidos.

Podría seguir dando ejemplos de personas que se niegan a rendirse, a seguir las convenciones sociales para hacer realidad sus sueños. *La economía que tienes sólo está limitada por la cantidad de acción irracional que llevas a cabo para crearla.* En épocas de contracción económica, debes rehusarte a estar de acuerdo con cualquier norma social que te detenga. Por supuesto, debes evitar las cosas que podrían meterte en problemas o lastimar a otros. Pero quitando esos escenarios, piensa en algunas reglas que sigues a ciegas y considera lo que podría cambiar si no lo hicieras. Quienes usen la habilidad infantil de estar en desacuerdo, ir contra la corriente, actuar ilógicamente, tendrán el éxito asegurado a pesar de las condiciones económicas. Te aliento a que: (1) estés en desacuerdo con las masas; y (2) te extralimites con tus acciones. Ciertamente no será fácil. Tendrás que liberarte de lo apropiado y aceptable. Probablemente te critiquen, juzguen y hasta ridiculicen. Estas reacciones son simples indicadores de que vas por el camino correcto.

La mayoría de la gente pasa su vida recibiendo poca o ninguna atención. Para crear la que quieres necesitas exigir la atención de otros. Quieres que la gente hable de ti porque, de no ser así, nadie sabrá de ti ni de tus productos o servicios. Y el único problema que tendrás por ser irracional es la envidia de los demás. Y tendrás libertad financiera. Si no destacas, es probable que no quedes en pie tras una contracción económica seria.

Muéstrame a alguien que haya hecho algo excepcional y te mostraré a una persona excepcional, en que no aplican las reglas. Para hacer algo fuera de lo ordinario, debes actuar de la misma manera. Ahora es tiempo de llamar la atención, dar un esfuerzo extra, apartarte de las masas, hacer lo que otros se niegan a hacer y ser irracional en tu pensamiento y acciones.

Ejercicio
Una actitud irracional

¿Cuáles son los cuatro tipos de personas que tendrán éxito en el mercado?

1. _____

_____

_____

2. _____
   _____

3. _____
   _____

4. _____
   _____
   _____

¿Cuáles son las cuatro cosas que no deben preocuparte en este momento?

1. _____
   _____

2. _____
   _____

3. _____
   _____

4. _____
   _____

Haz una lista con tres ejemplos de personas que operaron irracionalmente para crear algo.

1. _____
   _____

2. _____
   _____

3. _____
_____
_____

Escribe dos cosas que lamentarías si tu vida terminara hoy.

1. _____
_____

2. _____
_____

Escribe tres formas de operar "irracionalmente" para practicar pronto.

1. _____
_____
_____

2. _____
_____
_____

3. _____
_____

Aprende a tener una actitud "irracional".
Visita www.grantcardone.com/resourses

Conclusión

Cómo garantizar tu posición

Siento que es mi deber inspirarte para concebir y ejecutar estas acciones. Afrontémoslo: la economía grande y mala no te bendecirá con oportunidades y negocios sin que des pasos iniciales bastante serios. Lo más probable es que la economía ni siquiera sepa que existes; hasta ahora, has operado en una pequeña parte de la economía y quizás nunca se te ocurrió crear la tuya. El gobierno no te va a salvar y ciertamente no ayudará a que tú y tu empresa avancen y conquisten. (De hecho, si te lo ofreciera, sería mejor resistir no aceptar.) Los "dioses del dinero" no te garantizarán solvencia o libertad financiera, sin importar lo mucho que les reces. La economía está en determinada situación; puedes ser parte de ella y obtener lo que quede después de que miles de millones de personas tomen su parte, o crear la tuya y dejar de ser víctima.

El tomarte el tiempo para leer este libro sugiere que en verdad deseas hacer algo diferente. Te lo reconozco y felicito por ello. Bien por conseguir el libro. Te aplaudo por leerlo y te aplaudiré todavía más si lo terminas. Ahora, si quieres que el mundo te dé una ovación de pie, trabaja las lecciones recibidas.

Es interesante que una de las formas más efectivas para perfeccionar estas disciplinas sea ayudar a que otros tengan éxito y lleven a cabo estas acciones. Cuando la gente con objetivos y motivaciones comunes se une, aprenden más rápido y se convierten en un apoyo para los demás. Así que reúne un grupo de gente similar a ti, "irracionales" y con gran energía, que se niegan a vivir con las normas sociales de los mediocres. Pasa tiempo con otros que exigen ser los primeros en el mercado y desean avanzar y conquistar tanto como tú. Organiza un grupo de estudio para leer este libro y hacer los ejercicios. Si eres dueño de una empresa, pide a tus empleados que lean este libro como equipo. Pueden ayudarse a realizar las acciones y comprometerse con ellas: todos serán responsables de este esfuerzo. Lean un capítulo a la semana en sesiones de lectura y debate. También utilicen el programa de audio grabado. Tómense el tiempo de buscar las palabras en el diccionario y evaluar en serio lo que cada una significa. Enseñar a otros y ser parte del grupo permite "galvanizar" tu entendimiento del material. Así aumentará tu necesidad de perfeccionar lo aprendido y probar su eficacia en el mercado. También te conectará inmediatamente con personas de mentalidad semejante que desean mejorar su futuro y aumentarán tu base de poder.

Algo me dice que no elegiste este libro por sentirte cómodo o satisfecho con el lugar que ahora ocupas en la vida. Lo más probable es que quieras cambiar o mejorar tu posición actual. Esto requiere acciones que te llevarán fuera de tu zona de comodidad. En principio, no te será fácil ejecutar estas técnicas porque se trata de algo nuevo. Si no te sientes al menos un poquito incómodo, entonces lo más probable es que estés haciendo más de lo ya hecho antes, no desarrollando nuevas acciones que llevarán al crecimiento. Hay disciplinas que debes estudiar para ser el primero, y requieren una nueva mentalidad sobre cómo construir un negocio y crear tu propia economía. Las incomodidades que debas soportar ahora, pueden garantizarte que estarás cómodo en el futuro.

Así que espero que hayas elegido la incomodidad, al menos por un rato. Sal y rompe con las normas sociales que tu educación, familia y medios te enseñaron. Realiza cada acción hasta que se convierta en un hábito que ya no te parecerá excepcional. Cualquiera de las acciones, por sí misma, te dará grandes resultados; juntas te llevarán a resultados fenomenales.

Incluso espero que seas ridiculizado, juzgado y se burlen de ti un poco porque, si estás dispuesto a soportar todo eso, llegarás a cada meta financiera y personal que te propusiste. Las economías en contracción no constituyen épocas normales, así que deja de preocuparte por ser normal. Cuando la contracción termine —y sucederá en algún momento— habrás desarrollado un conjunto de habilidades que nadie más tiene, una mentalidad superior a la de aquellos con quienes compites, una ventaja en el mercado y, con suerte, una economía propia que no dependa de factores externos. No se trata de una carrera sino de un maratón en el que formarás nuevos hábitos y una nueva disciplina, otra forma de vida para ti.

Sugiero que te conviertas en fanático de cada una de estas acciones y que las uses de manera completamente irracional. No te preocupes por la lógica; actúa como si tu vida dependiera de ello, porque así es. Tu vida financiera, tu confianza personal y tu visión general de las cosas, todo depende de los resultados que obtengas en el mercado. La economía no controla a la gente; nosotros la componemos y la controlamos. Tu situación financiera es la suma de las acciones que emprendes cada día. Tengo grandes esperanzas puestas en ti, y te aliento a que aproveches la información de este libro para asegurar que tus acciones —no el mercado— determinen tu futuro financiero, el de tu familia y de tu empresa.

Piensa escandalosamente, sé inflexible en la ejecución, irracional en tus acciones y seguro también avanzarás y conquistarás.

Epílogo

No importa si acabas de comenzar, llevas un tiempo en los negocios o eres veterano en este mundo: espero que el libro te inspire para realizar algunos cambios. El cambio requiere acciones, no sólo ideas. Convierte el material de este libro en parte de tu operación diaria y llegarás a otro nivel de éxito.

No importa si viajas en la cresta de la ola gracias a alguna gran oportunidad o te encuentras en medio de una contracción económica; estas acciones te harán avanzar montado en la ola o te permitirán avanzar y conquistar mientras otros se convierten en víctimas. Sean cuales sean las condiciones negativas en las que te encuentras, las acciones correctas —realizadas consistentemente— te ayudarán en el camino.

No quiero que seas una de esas personas que se conforman con "irla pasando", que viven atemorizados y con incertidumbre por el mercado. Quiero que estés arriba de todo eso y seas independiente de lo que te rodea. Este libro debe usarse como referencia para que tú y tu organización midan logros semanales y mensuales, para hacerte más grande, mejor, más rápido y más fuerte. No importa si tu intención es simplemente asegurar tu futuro y el de tu familia o si te propones quedarte con la participación de mercado de tu competencia, este libro te demostrará cómo hacerlo.

Ten cuidado de no subestimar estas herramientas porque parezcan obvias o simples. Las más efectivas suelen ser así. Y no sólo leas este libro una vez; irás cambiando conforme tengas experiencia y encontrarás nuevas formas de usar este material cada vez que lo leas.

Mientras el resto del mundo se preocupa por los problemas, tu trabajo es llenar cada uno de tus pensamientos y acciones con las soluciones que te permitirán avanzar. Me interesa mucho el éxito que obtengas con esta información y tus llamadas y correos electrónicos son bienvenidos. También me interesa saber con qué dificultades te encuentras. Si tienes preguntas, se te presentan retos especiales durante la ejecución de estas acciones, si enfrentas situaciones difíciles, por favor llama a mi oficina al 1-800-3685771, o mándame un correo electrónico a gc@grant-cardone.com.

¡Prepárate para la gran aventura, para llegar a nuevas alturas y conquistar nuevos territorios y sueños! Que las acciones que cumplas a diario se conviertan en un buen ejemplo para quienes te rodean. Deja que otros se den cuenta de que todo es posible si te concentras y tienes la información correcta. . . ¡y si adoptas las acciones correctas!

¡Ensordece cuando alguien diga que no puedes!
Grant Cardone

¡Ensordece cuando alguien diga que no puedes!
¡Ensordece cuando alguien diga que es imposible!
¡Ensordece cuando alguien trate de ponerte límites!
Porque esta gente que se esfuerza en limitarte y en sugerir que no puedes cumplir tus sueños es peligrosa.
Esta gente ha abandonado sus sueños.
Y busca convencerte de que hagas lo mismo.
¡Y no te confundas cuando sugieran que sólo tratan de ayudarte!
No es ayuda lo que ofrecen.
Lo que en verdad buscan es que te unas a las filas de los esclavos,
Los apáticos y los desesperanzados.
¡Ensordece ante todos ellos!

Glosario

De ningún modo es un glosario completo, y sólo doy la acepción con que la palabra se utiliza en este libro. La mayoría tiene múltiples significados, así que, para entender cada palabra, busca un buen diccionario. Tu capacidad para entender cualquier tema sólo está limitada por tu comprensión de las palabras contenidas en dicho tema. Más aún, tus actos están limitados por tu comprensión.

Abiertamente: a las claras; que no está oculto; a la vista; público; antónimo de cubierto o escondido.

Absoluto: positivo, incuestionable o en total.

Abundancia: (1) tanto que nunca se puede estar sin ello, cantidad; (2) afluencia, riqueza.

Acomodar: (1) llegar a un acuerdo o concordia; (2) ayudar o servir.

Acción: (1) cosas hechas para obtener resultados; (2) cosas que normalmente se realizan en un periodo de tiempo, en etapas o con la posibilidad de repetición.

Acordado: (1) movimiento en el mismo sentido de las creencias de otro; (2) conceder.

Acuerdo: (1) contrato verbal o escrito ejecutado y vinculante desde el punto de vista legal; (2) el lenguaje o instrumento en el que se asientan las cosas acordadas.

Actividades eclesiásticas: una forma de recreación organizada, extra-curricular, que se realiza en un sitio de adoración.

Activo: artículo de valor que se posee; alguna cualidad personal que te beneficia (por ejemplo, su sonrisa era una activo más importante que sus activos económicos).

Actuar: hacer algo, listo para la acción; (2) algo hecho con la intención de lograr algo.

Adaptar: cambiar o ajustar (como en el caso de un uso nuevo o específico o una nueva situación), utilizado como sinónimo de "modificación".

Acuerdo circundante: el pensamiento y las ideas del grupo o ambiente que te rodea.

Adicional: añadir, algo más, un incremento.

Adicional: suplementario.

Administración de una base de datos: el acto de conducir o supervisar una colección de datos, grande por lo regular.

Advertencia: acto de dar consejo o asesoría; llamar la atención de uno o informar.

Aferrado: incapaz de cambiar, fe en alguna idea o creencia.

Agenda: horario que presenta las actividades más importantes de una persona y su secuencia en un tiempo determinado.

Aire: (1) el carácter general o sentido de algo; (2) consenso general o sensación de quienes atienden.

A la carte: cada artículo tiene un precio separado y se toma como artículo independiente. Se usa típicamente en las ventas para aumentar valor.

Anunciarse: acción de llevar algo a la atención del público. Esto puede hacerse por medio de la recomendación boca a boca, la señalización, la televisión, la radio, la prensa escrita, el correo directo, las publicaciones, los boletines de novedades, YouTube, video, medios sociales y demás.

Alentar: dar ayuda o patrocinio a (alentar a que otros hagan negocios contigo, por ejemplo).

Alto margen: producto o servicio que produce grandes utilidades.

Compañía Editorial Thomas: provee a los compradores industriales con información actualizada.

Alteración: el resultado de cambiar o modificar algo para hacerlo diferente sin convertirlo en otra cosa.

Ambiente: las circunstancias, objetos o condiciones que rodean a alguien o algo.

Amway: empresa de venta directa que utiliza contratistas independientes para mercadear, lo que también se conoce como mercadeo multinivel o red de mercadotecnia para promocionar los productos. Amway fue fundada en 1959 por Jay Van Andel y Richard DeVos. Con sede en Ada, Michigan, la empresa y su familia de empresas reportaron un aumento de ventas de 15 por ciento, llegando a 8.4 mil millones de dólares en ventas para el año que terminó el 31 de diciembre de 2008, lo que marca el séptimo año de crecimiento continuo para la empresa. Sus líneas de productos incluyen miles para el cuidado del hogar.

Anual: periodo de un año.

Apatía: falta de interés o preocupación; más que aburrido.

Apático: (1) actitud de dejar las cosas o darse por vencido; (2) tener o mostrar poco o ningún sentimiento o emoción; sin espíritu.

Apoyar: el compromiso de las partes afectadas para "comprar" o estar por una decisión determinada; es decir, estar de acuerdo en apoyar.

Arrogancia: actitud de quien se siente superior, casi siempre manifestada en pretensiones presuntuosas.

Asertivo: caracterizado por su atrevimiento o confianza, que se hace cargo y que está confiado en la dirección que debe tomarse.

Asignación: tareas encomendadas para terminar o aprender algo.

Atajo: método o manera de hacer algo más directamente y más rápido que con el procedimiento normal (por lo regular, esta forma de hacer las cosas no es positiva y no da resultados inmejorables).

Atención: (1) aquello en lo que más te concentras; (2) consideración de las necesidades y deseos de otros.

Audición: desempeño de prueba para calificar la capacidad de alguien que se dedica al entretenimiento, y así determinar si es la persona correcta para un papel o personaje.

Bagatela: algo relativamente pequeño o inconsecuente.

Cangrejo: pequeño crustáceo de agua dulce parecido a la langosta. Se trata de un famoso platillo de Luisiana que se sirve hervido (cuando vayas ahí, no dejes de comerlo). Son deliciosos pero es muy complicado comerlos.

Bancarrota: (1) acción legal que una empresa o individuo pueden adoptar para resolver su incapacidad de pagar a los deudores; (2) persona o empresa que se vuelve insolvente.

Banco Wachovia: con sede en Charlotte, Carolina del Norte. Se trata de una subsidiaria diversificada propiedad de Wells Fargo. La Corporación Wachovia fue comprada por Wells Frago el 31 de diciembre de 2008 y dejó de ser empresa independiente.

Base de datos: colección de datos, larga por lo regular, especialmente diseñada para lograr búsquedas rápidas y una recuperación de la información confiable.

Base de poder: (1) el punto de partida para una acción o empresa que te favorece y te da algo de control, autoridad o influencia. (2) tu círculo de influencia: amigos, familiares, parientes y clientes actuales.

Básico: punto de partida; algo fundamental (como en el caso de "volver a lo básico").

Basil King: William Benjamin Basil King (1859-1928), clérigo nacido en Canadá que se hizo escritor tras retirarse.

Baja comercial: descenso en las estadísticas, sobre todo refiriéndose a un declive de la actividad comercial o económica.

Biblia: conjunto de textos religiosos del judaísmo y el cristianismo.

Biológico: estudio de los organismos vivos y de los procesos vitales.

Bioquímico: algo que se hace con reacciones químicas en los organismos vivos.

Blackberry: aparato inalámbrico introducido en 1999 como comunicador buscapersonas de dos vías. En 2002, se llegó a conocer bajo el nombre de *smart phone* o teléfono inteligente. Blackberry puede manejar correo electrónico, teléfono celular, mensajes de texto, envío de faxes por internet, navegación de la red u otros servicios de información inalámbrica, y que también tiene una interfase digital.

Bloquear y taclear: término utilizado para denotar las cosas simples y necesarias para poder lograr algo (proviene de la terminología del futbol americano).

Boca a boca: rumor generado por la comunicación entre personas y tiene que ver con una experiencia en común.

Boletín informativo: publicación que contiene las noticias de interés para un grupo especial.

Bombardeo: efusión vigorosa o rápida o proyección de muchas cosas o acciones al mismo tiempo.

Búsqueda: perseguir un resultado o tratar de encontrar algo.

Cabeza parlante: persona que habla frente a una cámara de video.

Caída: alguna actividad que deja de existir.

Calificar: determinar por medio de preguntas lo que más conviene a un cliente.

Campaña: actos relacionados que se proponen llegar a un resultado particular.

Campaña de mercadeo: operaciones diseñadas para promover, vender y distribuir un producto o servicio.

Campaña de relaciones públicas: operaciones diseñadas para producir atención y comunicar al público buena voluntad por parte de una persona, firma o institución.

Cantidad: el número de algo, muchas veces utilizado en plural.

Caos: estado de completa confusión.

Capital: (1) bienes acumulados, en contraste con el ingreso; también es el valor acumulado de estos bienes; (2) bienes acumulados dedicados a la producción de otros bienes valiosos o que proporcionan ingreso.

Cesar: acto de no continuar alguna actividad.

Ciego: que no ve algunos objetos o no conoce ciertos hechos que servirían como guía o causarían perjuicio; (2) carecer de conocimiento de la información (por ejemplo, como sucede en las pruebas a ciegas).

Ciclo (ventas): intervalo de tiempo en que se completa una secuencia de acontecimientos.

Circuit City: compañía que cotizaba en la bolsa y vendía aparatos electrónicos. Quebró en 2009.

Circunstancia: factor ambiental y esencial a una situación determinada.

Club de rotarios: organización que reúne clubes localizados en todo el mundo. Organización secular abierta a cualquier persona sin importar raza, color, credo o preferencias políticas. Existen más de 32 000 clubes con más de 1.2 millones de miembros a nivel mundial. Suelen reunirse semanalmente para desayunar, comer o cenar haciendo de ésta una oportunidad para reorganizar el trabajo que conduce a sus respectivas metas de servicio.

Coco: (1) algo que no existe y asusta a la gente; (2) un monstruo fantasmal.

Colapso bancario: fracaso de un banco que lleva a su cierre.

Comerciar: (1) vender, promover u ofrecer algo para la venta; (2) diseminar.

Compensación: algo que equilibra o compensa por otra cosa.

Competitivo: que se esfuerza consciente o inconscientemente por lograr un objetivo.

Comunidad: grupo de personas con intereses comunes.

Condicionado: llevado o puesto en un estado específico por cierto número de pasos.

Conocimiento: certeza obtenida por la experiencia, el estudio o la comprensión de un arte, ciencia o técnica. La información no es conocimiento.

Conquistar: lograr la maestría o el dominio de algo superando obstáculos.

Contactar: comunicarse con.

Contacto: persona que sirve como intermediario, mensajero, conexión o fuente de información especial (como en "contactos de negocios").

Contracción: (1) acto de hacerse más pequeño; (2) reducir los esfuerzos y los recursos.

Contracción económica: reducción o disminución relativa a o basada en la producción, distribución y consumo de bienes y servicios.

Control: ejercer una influencia restrictiva o directiva sobre algo o alguien.

Coraje: acto que demuestra fuerza mental o moral para perseverar a pesar del peligro, el temor o la dificultad.

Correo directo: impresos preparados para solicitar negocios o contribuciones enviados directamente a los individuos. Por lo regular, esto se refiere a programas que envían el correo a toda la base de datos con una oferta particular.

Corro: reunión de un pequeño grupo de personas para darse aliento, energía o planear una acción.

Creativo: tener la cualidad de algo hecho originalmente más que imitado.

Crédulo: fácil de engañar o engatusar.

Crisis petrolera: la de 1973 comenzó el 15 de octubre de 1973, cuando la Organización de Países Árabes Exportadores de Petróleo proclamó un embargo petrolero.

Crítico: relacionado o muy importante en una situación determinada.

CRM (siglas en inglés de Customer Relationship Management, o administración de relación con los clientes): programas de computación que permiten a las empresas manejar cada aspecto de la relación con un cliente. Su objetivo es ayudar a construir una relación comercial duradera: convertir la satisfacción del cliente en lealtad. La información comercial que se consigue a partir de las ventas, el mercadeo, el servicio al cliente y demás apoyos, es capturada y guardada en una base de datos central. El sistema puede proveer facilidades para el análisis de datos que fomentan un sistema de oportunidades gerenciales. También puede estar integrado a otros sistemas como el de contabilidad o manufactura, logrando así un sistema empresarial verdaderamente amplio con miles de usuarios.

Cruce: instancia en que se irrumpe en otra categoría.

401(k): cuenta de retiro a la que contribuyen tanto el empleado como el patrón; los impuestos son diferidos hasta el momento del retiro.

Cultivar: alentar o promover el crecimiento.

Cultura: conjunto de actitudes, valores y prácticas de un grupo, etnia, organización o institución.

Cuota de mercado: porcentaje del mercado que abarca el producto o servicio que una compañía ofrece.

Currículum: documento que contiene un resumen o listado con la experiencia relevante de trabajo y educación de una persona. (Nota: nunca dependas de un currículum sin dedicar tiempo para encontrarte personalmente con la persona que quieres que te contrate.)

Dar un extra: hacer más de lo usual o necesario.

Deber: no tener opción.

Declive: descenso, especialmente en lo referente a negocios o la actividad económica.

Dependencia: cualidad o estado en que se confía o depende de alguien; tener una adicción.

Desertor: (1) que se da por vencido en la búsqueda de algo o en alguna actividad; (2) en especial, alguien que se da por vencido con demasiada facilidad; (3) derrotista.

Desafiar: confrontar con resistencia; tratar con indiferencia.

Desintoxicar: remover venenos o toxinas del cuerpo.

Deslumbrante: que causa admiración por un despliegue impresionante.

Desplegar: extender, utilizar o arreglar conforme a un propósito deliberado.

Desvariar: hablar con entusiasmo extremo; hablar irracionalmente, tal vez porque la sociedad piensa que quienes actúan de esta forma están equivocados.

Desventaja: un aspecto negativo, el peor escenario.

Desvergonzado: que no tiene sentido de la humillación, remordimiento o insensible a la desgracia. (En este libro hablo sobre ser desvergonzado como si se tratara de una cualidad positiva que permite moverse hacia delante.)

Derrumbar: colapsar.

Determinar: decidir concluyentemente (determinar los motivos).

Diez mandamientos: lista de imperativos religiosos y morales que, de acuerdo con la tradición judeocristiana, fueron autorizados por Dios y dados a Moisés en el Monte Sinaí (Éxodo 19:23) u Horeb (Deuteronomio 5:2); fueron inscritos en piedra.

Diez veces: multiplicar los resultados por el número diez.

Diferenciar: marcar o mostrar un rasgo diferente; constituir un rasgo que distingue.

Dinero: algo generalmente aceptado como medio de intercambio, medida de valor o medio de pago.

Dinero secundario: proveniente de una segunda venta.

Diligencia: caracterizado por los esfuerzos estables, fervientes y enérgicos.

Dillard's: cadena importante de tiendas departamentales en estados Unidos.

Disciplina: entrenar o desarrollar por instrucción y ejercicio, especialmente en lo que se refiere al autocontrol.

Disertación: escrito o discurso, normalmente largo, sobre un tema.

Disminuir: hacer menos y dar la impresión de que es menos.

Disposición: inclinación a actuar o responder.

Doblarse: término tomado del juego del Black Jack en que el jugador aumenta la apuesta para duplicar la ganancia o recuperar pérdidas.

Doblarse hacia atrás: ir más allá de las expectativas normales para crear un efecto positivo o dar un servicio extra o impresionar.

Economía: estructura o condiciones relativas o basadas en la producción, distribución y consumo de alimentos y servicios en un país, área o periodo. Un país, una empresa y hasta un individuo tienen una economía.

Economía suave: economía a la que falta fuerza, vigor o resistencia.

Efectivo: que produce un efecto decidido, decisivo o deseado.

Encuesta: (1) acto de examinar una condición, situación, valor o evaluación; (2) acto de preguntar a alguien y recopilar datos para el análisis de algún aspecto de un grupo o zona.

Engaño: acto de inducir a error a la mente o al juicio sobre algo (yo lo uso en el sentido de alejarte de las falsedades, lo cual no es malo).

Enlistar: asegurar el apoyo y la ayuda de; emplear anticipando un interés.

Entrée: término que, en francés, se refiere al plato de entrada de una comida; en Estados Unidos, al plato principal de una comida.

Entrenamiento: el acto, proceso o método con que uno se capacita; la habilidad, conocimiento o experiencia adquirida por alguien que practica.

Erosionar: hacer que algo se deteriore o desaparezca por desgaste.

Esfera de influencia: en relación con un individuo, se trata del área en que se tiene poder o influencia para producir un efecto, debido a relaciones, autoridad o reputación.

Estancado: incapaz de moverse o levantarse.

Estándar: algo asentado y reconocido por una autoridad como regla para la medida de algo.

Estilo de vida: la típica forma de vivir de un individuo, grupo o cultura.

Estricto (en relación con el horario): firmeza o rigor en el control o aplicación o atención a los detalles.

Eufórico: marcado por el buen ánimo, exultante.

Evadir: descartar, desviar, dilatar.

Excepción: caso al que no se aplica una regla.

Exhibir: presentar a la vista, externar algo, especialmente con acciones y signos visibles.

Expandir: incrementar la extensión, número, volumen o alcance de algo.

Expansión: acto de incrementar la extensión, el número, volumen o alcance de algo.

Experiencia: (1) observación directa de una participación en un suceso como base del conocimiento; (2) hecho de haber ganado conocimiento por medio de la observación o participación directa.

Experto: persona que da opiniones con autoridad, usualmente a través de los medios.

Explotar: utilizar algo. (Por lo regular, se utiliza para referir el uso de algo o alguien de manera maligna o injusta.)

Factores demográficos: características estadísticas de las poblaciones humanas, como pueden ser edad o ingreso, y se utilizan especialmente para detectar mercados.

Falacia: algo falso o incorrecto.

Falta: estar escaso de algo.

Fanático: (1) marcado por un entusiasmo excesivo y, por lo regular, intenso; (2) devoción acrítica.

Flojo: no inclinado a la actividad o al ejercicio, falto de energía o vigor, normalmente como consecuencia de una falta de propósito.

Flujo: una sucesión estable (como en el caso de palabras o sucesos); una provisión continua o constantemente renovada.

Fortune 500: las 500 empresas más importantes de Estados Unidos, según la revista *Forbes* y con base en las ventas brutas.

F. W. Woolworth: compañía de venta minorista que fue una de las tiendas originales que vendían todo por 5 y 10 centavos en Estados Unidos (conocida comúnmente como Woolworth's). Creció hasta convertirse en una de las cadenas más grandes del mundo durante la mayor parte del siglo XX, pero el aumento en la competencia llevó a un declive que empezó en los ochenta del siglo pasado.

Ganar: (1) Hacerse merecedor, titular o tener derecho a algo; (2) ser digno de obtener.

Garantizar: asegurar el cumplimiento de una condición.

Gastar: (1) pagar dinero, usualmente a cambio de bienes o servicios; (2) usar un recurso, como el tiempo, por ejemplo.

Gates, Bill: magnate de los negocios estadounidense, filántropo, autor y presidente de Microsoft, la empresa de software que fundó con Paul Allen. Ha sido considerado consistentemente como una de las personas más ricas del mundo, y cómo la más rica según los cálculos de marzo de 2009. Durante su carrera en Microsoft, Gates fungió como presidente ejecutivo y como jefe de la división de software. Sigue siendo el principal accionista de la empresa con más de 8 por ciento de las acciones.

Generar: crear o ser la causa de una situación, acción o estado mental.

Genuino: libre de hipocresía o pretensión. Sincero.

Google: empresa que obtiene ingresos de la publicidad generada por su buscador de internet, su correo electrónico, el mapeo en línea, la productividad de oficina, su red social y los servicios de video compartido.

Grado: la intensidad relativa de algo.

Gran Depresión: declive económico mundial que comenzó en en 1929 en Estados Unidos y terminó en distintos momentos y países de los años treinta o a principios de la década de 1940. Fue las más grande e importante depresión económica del siglo veinte, y en el siglo XXI se utiliza como ejemplo de cuán hondo puede caer la economía mundial. Los historiadores suelen considerar que su inicio coincide con la caída del mercado de valores, el 29 de octubre de 1929, lo que se conoce como "martes negro".

Habilidad: (1) la capacidad de usar el conocimiento de uno efectivamente y tenerlo listo para ejecutar o desempeñarse; (2) un poder aprendido para hacer algo de modo competente; (3) aptitud o capacidad desarrollada.

Hambriento: (1) ansioso, ávido (hambriento de afecto); (2) fuertemente motivado (como sucede con la ambición).

Harland Sanders: también conocido como general Sanders, fundador de Kentucky Fried Chicken.

Heard Automotive: fundada por Bill Heard, quien operó la franquicia más grande de Chevrolet en el mundo. Cerró operaciones en 2009.

HerbaLife: empresa fundada en 1980 que vende productos para la pérdida de peso, la nutrición y el cuidado de la piel, en la modalidad de multinivel, lo que también se conoce como red de mercadeo. Ha sido objeto de controversia y demandas.

Hotel Peninsula: Operadores de hoteles de ultra lujo con base en Hong Kong. Su hotel estelar es el famoso Peninsula de Hong Kong.

Impulso: la energía causada por las acciones previas.

Inconforme: puede describir a una persona que no está de acuerdo con las normas aceptables o las consideraciones sociales.

Informar sumariamente: dar instrucciones cortas y precisas o información esencial.

Ingreso: cantidad que ingresa de fuente determinada.

Inquebrantable: que no vacila entre opciones, no cambia de opinión, lealtades o dirección.

Instructivo: acción, práctica o profesión de enseñar (por ejemplo, videos instructivos).

Intensidad: demostrar un grado extremo de fuerza, energía, compromiso o sentimiento.

Invertir: involucrar o comprometer recursos; participar en alguna actividad o estudio.

iPod: marca de reproductor portátil de medios diseñado y comercializado por Apple.

Irracional: no gobernado por o de acuerdo con la razón; sinrazón. Utilizo la acepción positiva del término (por ejemplo, ser irracional al nivel de las acciones que realizas para concretar tus sueños).

Jesucristo: Jesús de Nazaret, hijo de María; fuente de la religión cristiana.

Kroc, Ray: (5 de octubre de 1902–14 de enero de 1984) en 1954 tomó la entonces pequeña franquicia de la empresa McDonald's y la convirtió en la más exitosa cadena de comida rápida del mundo.

Líder: persona, grupo o cosa que tiene autoridad, especialmente cuando se obtiene la victoria en una competencia difícil.

Línea de producto: grupo de productos de una firma y estrechamente relacionados por su utilidad, o sus necesidades de producción y/o mercadeo.

Literatura: el cuerpo de escritos de un tema particular.

Llamada en frío: hecha sin aviso; se dice que es "fría" porque se hace sin ninguna introducción.

Loco: absurdo, extremo, sin consideración ni interés por los hechos o creencias de los demás.

Lógico: (1) relacionado, involucrado o de acuerdo con la lógica: (2) persona hábil en lógica; verdad o validez formal analítica o deductiva.

Lograr: (1) tener éxito, producto del esfuerzo; (2) completar algo; (3) tener éxito o superar algo.

Lombardi, Vince: (11 de junio de 1913–3 de septiembre de 1970) fue el entrenador en jefe del equipo de futbol americano Green Bay Packers, de 1959 a 1967, ganando cinco campeonatos de liga en sus nueve años de actividad.

Magnificar: agrandar de hecho o en apariencia.

Mantra: palabra o frase repetida regularmente.

Martillar: hacer algo con fuerza y contundencia, como se sugiere al pensar en el golpe de un martillo.

Mary Kay: marca de cosméticos y productos para el cuidado de la piel vendidos por Mary Kay, Inc. La sede mundial de Mary Kay se ubica en Addison, Texas, suburbio de Dallas.

Más allá: (1) hacia el lado más lejano, más, extra; (2) además de lo esperado.

Material candente: descripción de algo o alguien que está en juego.

Mercadeo multinivel: también conocido como mercadeo o mercadotecnia en red; se trata de una estrategia que compensa a los promotores de las empresas de venta directa, no sólo por las ventas que generan personalmente, sino por las ventas de otros que, gracias a ellos, entraron a trabajar para la empresa.

Mercado: lugar en que hay intercambio o actividad económica; puede tratarse de un mercado pequeño o de una economía entera.

Meta: el fin hacia el que se dirige un esfuerzo.

Mito: noción falsa y sin fundamento; algo que muchos creen cierto pero no es verdad.

Motivar: estimular algo.

Motivo: algo que hace que una persona actúe, reaccione o responda. La razón por la que alguien actúa.

Negación: mecanismo de defensa psicológica en que se evita la confrontación con un problema personal o una realidad, negando la existencia del problema o realidad.

Negatividad: (1) falta de cualidades positivas; especialmente desagradable; (2) marcado por las características de la hostilidad o del pesimismo y se opone al tratamiento o desarrollo constructivo; (3) promover una persona o causa criticando o atacando a la competencia.

Negociar: dialogar con la esperanza de llegar a un acuerdo sobre algún asunto. (*Nota:* aunque la mayoría cree que negociar significa aceptar un precio más bajo, la realidad es que esto nada tiene que ver con un descuento en el precio de tu producto o servicio.)

No intuitivo: contrario a lo que uno esperaría conforme a la intuición.

Neuroquímica: estudio de la composición química y de las actividades de los nervios y demás.

Nivel de necesidad: la magnitud de presión ejercida por las circunstancias, algo que fuerza una acción, un requisito, no algo optativo; una necesidad urgente o deseo en relación con otra cosa.

Norma: principio considerado como acción correcta acordada entre los miembros de un grupo, que sirve para guiar, controlar o regular la conducta propia y aceptable. (El hecho de que algo se considere como una norma no implica que sea correcto.)

Normas sociales: principio de acción que une a los miembros de un grupo y sirve de guía, de control o para regular lo que se considera una conducta apropiada o aceptable.

NuSkin: empresa estadounidense de venta directa de cosméticos, suplementos alimenticios y servicios tecnológicos. Fue fundada por Nedra Dee Roney y Blake M. Roney en 1984.

Nutrir: poner atención con el objeto de mejorar algo.

Obama, Barack: nacido el 4 de agosto de 1961, es el actual presidente de los Estados Unidos, el número 44. Es el primer afroamericano en llegar a dicho puesto. Obama fue senador junior de Estados Unidos por el estado de Illinois.

Objeción: razón o argumento presentado en oposición a algo; un sentimiento o expresión de desaprobación. (Nota: la mayoría de las objeciones son meras quejas.)

Ocupación: hecho o condición de vivir en o de llenar un espacio.

Oficio: ocupación que requiere de destreza manual o artística.

Oídos sordos: Sin voluntad para escuchar u oír; que no será convencido.

Oportunidad: situación favorable compuesta por circunstancias que permiten aspirar a una victoria; oportunidad para el avance o el progreso.

Pánico bancario: ocurre cuando un gran número de cuentahabientes de un banco retiran sus depósitos al mismo tiempo porque creen que el banco es o será insolvente.

Participar: tomar parte; estar involucrado como participante y no como espectador.

Pasivo: que existe u ocurre sin ser activo, abierto o directo; que no participa activamente.

Percibir: ver o sentir algo.

Perfeccionar: mejorar o refinar lo que era; la situación ideal.

Plan financiero: un plan en relación con el ingreso y los gastos para permanecer solvente.

PNB (Producto Nacional Bruto): una de las medidas del ingreso nacional, y expresión de la economía de una nación determinada. Es el valor total de todos los bienes finales y servicios producidos en una economía en particular: el valor en dólares de todos los productos y servicios producidos dentro de las fronteras de un país en un año. El PNB puede definirse de tres maneras, conceptualmente idénticas. Primero, es igual al total de los gastos para producir los productos finales y servicios dentro de un país, en un periodo de tiempo determinado (por lo regular, de 365 días). Segundo, equivale a la suma del valor agregado en cada etapa de la producción (las etapas intermedias) por todas las industrias dentro de un país, más impuestos, menos los subsidios a los productos, en el periodo determinado. Tercero, es igual a la suma del ingreso generado por la producción en un país en el periodo; es decir, compensación de empleados, impuestos o producción, e importaciones menos subsidios y margen bruto operativo (o ganancias).

Porrista: una persona que realiza actividades encaminadas a levantar el ánimo y la buena voluntad de un equipo o individuo, para llegar a un objetivo.

Positivo: buen efecto, favorable, marcado por el optimismo.

Prepotente: persona a la que no le importan los derechos o sentimientos de los demás.

Presupuesto: por lo general se trata de una lista de gastos e ingresos. El propósito de un presupuesto es planear para ahorrar y gastar.

Prima donna: persona vana e indisciplinada que opera en lo individual y no trabaja bien en equipo.

Primer trimestre: los primeros tres meses de un año financiero.

Privado: que no tiene suficiente de lo necesario para la vida.

Problema: cosas, gente o circunstancias fuente de perplejidad, molestia; oposición a una solución. (Nota: los problemas son oportunidades para mejorar alguna condición.)

Producción: Los resultados totales de los esfuerzos de un individuo, empresa o país.

Producir: crear por medio de la acción o del esfuerzo intelectual o físico; dar algún resultado o producto.

Producto: algo de valor que se comercializa, vende o intercambia.

Programado: que opera con base en ciertos lineamientos o creencias (como cuando se introducen datos a un robot o computadora para producir ciertas respuestas). Los humanos también pueden programarse.

Programas para borrar datos: proceso de tomar datos con información identificable en lo individual, para removerlos o alterarlos de manera que se mantenga su utilidad, haciendo que la identificación de los individuos que ofrecieron la información sea casi imposible.

Proposición: (1) una oferta para considerar o aceptar; (2) propuesta.

Propósito: razón para hacer algo; objeto o fin a conseguir; una intención. (El propósito es la clave para la motivación.)

Propuesta de valor: mezcla de bienes, servicios, precio y términos de pago ofrecidos por una firma a sus clientes.

Prosperar: (1) tener éxito en alguna empresa o actividad; (2) ganar o lograr éxito económico.

Prosperar: crecer vigorosamente, florecer; ganar en riqueza o posesiones; progresar hacia o realizar una meta sin importar las circunstancias.

Protocolo: manera de hacer algo, código que sugiere estricta adherencia a cómo hacer algo.

Proveedor: entidad externa que proporciona elementos relativamente comunes, o bienes y servicios estándar; contrario a la figura del contratista o subcontratista, quienes suelen agregar elementos especializados a sus servicios.

Psicológico: relacionado con la mente y la conducta.

Psicólogo: estudia la mente y la conducta. Mi experiencia personal es que estas personas sólo juzgan y evalúan a sus clientes trayendo más confusión. No tienen un plan específico para mejorar, tienden a culpar a la mamá y al papá por todo lo que marcha mal con el cliente.

Psicosomático: síntomas causados por la mente.

Puesto público: posición, por elección o nombramiento, que ejerce funciones en pro de quienes se supone sirve.

Quebrado: (1) arruinar financieramente; (2) carecer de algo, usualmente dinero.

Razonable: de acuerdo con la razón (una teoría razonable); lo opuesto a extremo o excesivo. En este libro se utiliza en sentido negativo.

Reactivar: volver a activar o comenzar de nuevo.

Reactivo: (en sentido peyorativo) que ocurre como respuesta automática y fuera de control ante una situación. También tiene la acepción de actuar rápidamente en respuesta a alguna situación.

Recesión: periodo de declive económico generalizado, definido por lo regular como contracción en el Producto Nacional Bruto durante seis meses (dos trimestres consecutivos) o más. Marcada por una alta tasa de desempleo, salarios bajos y caída en las ventas al menudeo, una recesión generalmente no dura más de un año y es menos intensa que una depresión económica.

Recesión larga: contracción económica que dura más que la recesión promedio (18 meses).

Recreo: tiempo para la diversión y el entretenimiento.

Red social: comunidades en línea de personas que comparten intereses y/o actividades, o se interesan en explorar los intereses o actividades de otros. La mayoría de las personas desperdicia el tiempo en estos sitios y no utiliza su poder para incrementar relaciones y mejorar la producción.

Reempacar: empacar de nuevo productos o servicios relacionados para crear más valor.

Referencia: persona que te ha sido recomendada por otro individuo y puede interesarse en tu producto o servicio.

Regaño: reprender con lenguaje hostil o fuerte.

Reglas del éxito: programa educativo desarrollado por Grant Cardone que enumera reglas básicas y acciones necesarias para el éxito. Se entrega en disco compacto o en DVD.

Relación: el estado de cosas existente entre quienes tienen tratos entre sí.

Relaciones públicas: negocio de promocionar entre el público la comprensión y la buena voluntad de una persona, firma o institución.

Rentable: Actividades que resultan en un superávit de resultados positivos que exceden el costo de dichos esfuerzos.

Renuencia: (1) sentimiento o muestra de aversión, duda o indisposición para hacer algo; (2) falta de deseo para hacer algo.

Renunciar: (1) cese de la acción normal, esperada o necesaria; (2) admitir la derrota o darse por vencido.

Resistencia: habilidad de resistir la adversidad o los tiempos difíciles, especialmente para sostener un esfuerzo o actividad prolongado y exigente.

Resistencia: fuerza que se opone o condición que actúa para detener o prevenir.

Respuesta: a una comunicación que puede presentarse de muchas formas: verbal, por correo, correo electrónico, chat. Hasta una falta de respuesta puede ser una respuesta.

Restricción: condición que limita o restringe lo que puedes hacer o crees que puedes hacer.

Restringir: (1) confinar en los límites; (2) restringir.

Retroceso: reversión en el crecimiento; opuesto a "expansión".

Ridiculizar: menosprecio deliberado y muchas veces malicioso.

Riesgo: persona, suceso o acción que puede exponer o hacer que otros sean sujetos de alguna posibilidad adversa.

Riqueza: Abundancia de material valioso, posesiones o recursos.

Revitalizar: dar nueva vida o vigor a algo o a alguna actividad.

Saber: (1) tener entendimiento de algo; (2) tener experiencia y confianza en algo; (3) estar al tanto de la verdad o los hechos.

Satisfacción del cliente: una medida de cómo es que los productos y servicios de una empresa sobrepasan las expectativas del cliente. Ha sido un indicador de desempeño clave en el mundo de los negocios y es parte de las cuatro perspectivas de una tarjeta de resultados equilibrada.

Schultz, Howard: nacido el 19 de julio de 1953, emprendedor estadounidense mejor conocido por su labor como presidente y director general de los cafés Starbucks.

Seguridad social: en principio, se refiere a un programa de seguro social que brinda protección ante problemas socialmente reconocidos, incluyendo pobreza, edad avanzada, incapacidad, desempleo y otros factores.

Shock: trastorno repentino y violento de tipo mental o emocional.

Selectivo: (1) acto de ser restrictivo al elegir; (2) que discrimina, de actividad muy específica.

Sensibilidad al precio: mostrar preocupación por el precio como tema central.

Sensorial: perteneciente o relativo a la sensación o los sentidos.

Servicio: acto de servir con utilidad; trabajo útil que no produce inmediatamente un producto tangible, pero beneficia de algún modo a todas las partes involucradas.

Snob: (1) alguien que tiende a desairar, evitar o ignorar a quienes considera inferiores; (2) alguien que tiene un aire ofensivo de superioridad en cuestiones de saber o gusto.

Sobrevivir: permanecer vivo o en la existencia, seguir viviendo o continuar funcionando y prosperando. (La mayor parte de la gente piensa que la supervivencia es irla pasando, pero ese no es el sentido que uso en este libro.)

Socializar: aprender la propia cultura y cómo vivir en ella (no se usa en un sentido positivo en el contexto de este libro).

Sociedad: grupo humano caracterizado por relaciones entre individuos que comparten una cultura o instituciones distintivas y, normalmente, creencias en común.

Suficiente: satisface las necesidades de una situación o un objetivo determinado.

Solicitar: obtener por medio de peticiones y ruegos usualmente cargados de urgencia.

Solución: acción o proceso de resolver un problema; las soluciones siempre mejoran las condiciones.

Suma total: Resultado total; totalidad.

Suprimir: (1) eliminar por medio de la autoridad o la fuerza; (2) someter, restringir un curso de acción común; (3) inhibir el crecimiento o desarrollo de algo.

Tasa de desempleo: porcentaje del total de la fuerza de trabajo que no tiene empleo y busca uno asalariado.

Tienda de a dólar: variedad de tienda que vende cosas baratas, usualmente con un solo precio para todos los artículos de la tienda. Las mercancías típicas incluyen artículos de limpieza, juguetes y confitería.

Trabajador por cuenta libre: persona que actúa independientemente, sin estar afiliado a una organización o empleador.

Trato: arreglo que proporciona ventajas mutuas.

Trimestre: periodo de tres meses.

Toxina: sustancia venenosa producida por las actividades metabólicas de un organismo vivo. Suelen ser muy inestables.

Único: sin igual; distintivamente característico o diferente de otras cosas o personas con que se puede comparar.

Utilidad: La cantidad de retorno que resulta del precio al que algo se vende menos los gastos o costo de dicho producto.

Utilizar: hacer uso de algo.

Valor: valía relativa o importancia.

Valor agregado o añadido: creación de ventajas competitivas que se obtienen al reunir, combinar o empacar características o beneficios que resultan en una mejor aceptación del cliente.

Vender: (1) acción de construir valor para tu producto o servicio con la intención de que alguien asuma la propiedad de tu propuesta; (2) proceso sistemático de varios pasos y constituido por principios mensurables y repetitivos, por medio de los cuales el vendedor relaciona su oferta de un producto o servicio. En los negocios, "nada sucede hasta que alguien vende algo".

Venta: contrato que implica la transferencia de la posesión y propiedad (título) de un bien, o el derecho a recibir un servicio a cambio de dinero o valor.

Venta secundaria: realizada después de la primera y como operación adicional a ésta. Esto no debe confundirse con la segunda ocasión en que vendes a alguien.

Verbalizar: expresar algo mediante palabras.

Veta: sitio en que se encuentran rastros de oro u otro mineral, lo que permite adivinar la presencia del yacimiento mayor.

Viaje en cohete: experiencia positiva que es resultado de acciones que permiten un rápido avance, como si se tratara de un cohete.

Vieja escuela: algo del pasado no actualizado. No se trata de algo equivocado, sino de una forma de pensar menos actual.

Vociferar: hablar de manera ruidosa y excitada que se prolonga mucho y resulta muy apasionada. (Ver mi video titulado "You Can't Handle the Truth", en Youtube, para tener un muy buen ejemplo de este término.)

Volante: una circular publicitaria.

Wal-Mart: empresa pública estadounidense que opera una gran cadena de tiendas de descuento departamentales. Es la empresa pública más grande del mundo en cuanto a ingresos se refiere y es el empleador privado más grande del mundo y el tercer empleador si se incluyen también a las entidades públicas.

Washington Mutual: anterior dueño del Washington Mutual Bank (que fue la sociedad financiera más grande de estados Unidos). El 25 de septiembre de 2008, la Agencia Estadounidense para la Supervisión del Ahorro (OTS, por sus siglas en inglés) embargó al Washington Mutual Bank y lo hizo recipiendario de la Corporación Federal para el Aseguramiento de los Depósitos.

World Trade Center: complejo ubicado en el bajo Manhattan cuyos siete edificios fueron destruidos en 2001.

Xbox: consola de videojuegos producida por Microsoft. Fue la primera consola de Microsoft y tiene un servicio que permite a los compradores competir en línea.

Zombie: Los muertos vivientes o una persona que lo parece.

Grant Cardone es un experto en ventas con fama internacional y un autor bestseller del New York Times; sus libros y programas han influido positivamente sobre miles de personas y organizaciones alrededor del mundo. Aparece regularmente en canales de televisión como Fox, CNBC y CNN, y en portales como Bloomberg, Huffington Post y Wall Street Journal. La visión única y de sentido común de Grant, su humor, audacia y energía contagiosa le permiten conectar con cualquier audiencia y le han valido el título de "Emprendedor del Siglo 21". Grant Cardone cree que las compañías y los individuos sólo pueden ser exitosos a través de las ventas. Actualmente vive con su familia en California. Puedes enterarte de las novedades de Grant en:

www.grantcardone.com
www.cardoneuniversity.com
www.facebook.com/cardonesuccess
www.youtube.com/grantcardone